新型农民职业技能培训教材

新型农民创业指导

姜卫良　王永和　主编

中国农业科学技术出版社

图书在版编目（CIP）数据

新型农民创业指导 / 姜卫良、王永和主编. —北京：中国农业科学技术出版社，2011.7

ISBN 978－7－5116－0461－3

Ⅰ.①新…　Ⅱ.①姜…　②王…　Ⅲ.①农民－商业经营－基本知识　Ⅳ.①F715

中国版本图书馆CIP数据核字（2011）第081414号

责任编辑　徐　毅
责任校对　贾晓红

出 版 者　中国农业科学技术出版社
北京市中关村南大街12号　邮编：100081
电　　话　(010) 82106631 (编辑室)　(010) 82109704 (发行部)
(010) 82109709 (读者服务部)
传　　真　(010) 82106631
网　　址　http://www.castp.cn
经 销 者　新华书店北京发行所
印 刷 者　北京富泰印刷有限责任公司
开　　本　787mm×1092mm　1/16
印　　张　12.5
字　　数　200千字
版　　次　2011年7月第1版　2012年3月第2次印刷
定　　价　27.8元

新型农民职业技能培训教材

《新型农民创业指导》

编 委 会

主　编　姜卫良　王永和

副主编　姜家献　李　咏

编　者　乔一丹　李鲁涛　王忠坤　左振朋
　　　　　李克合　陈洪常　史安静　王立杰

前　言

开展农民创业培训是认真贯彻落实党的十七大和十七届三中全会精神的一项实际行动，是发展现代农业、建设社会主义新农村以及促进农业增效、农民增收、农村富裕的一项重大举措。

为更好地供农民学员开展创业学习，通过学习逐步树立创业理念、学会创业技巧、提高创业能力，我们在开展农民创业培训4年来的基础上，不断探索工作模式、挖掘培训需求、总结工作经验，编写了《新型农民创业指导》教材。

本书以专题形式编写，采用大量现实生动的案例，重点阐述了创业意识与理念、创业知识与技巧、创业训练与实践、创业计划与企业创办等方面的知识，希望能够激发起农民朋友的创业热情，引导农民朋友摒弃那些自我满足、安于现状、小富即安的传统保守观念，抛弃等、靠、要的落后懒散思想，树立大胆创业、艰苦创业、诚信创业、开拓创业的理念和信心。本学习资料由姜卫良、王永和担任主编，姜家献担任副主编，王忠坤等同志参与编写，编写过程中省委组织部人才处、山东省农业厅科技处、省教育厅职成处、省财政厅农财处等领导和专家给予了认真的指导，提出了许多宝贵的意见，在此表示感谢。

希望本教材的出版能够帮助新型农民更深入地学习创业方面的相关知识，并应用到创业、壮业、强业的过程中去，更好地为“三农”服务。由于时间仓促，水平有限，热忱希望领导、专家、学者以及广大读者提出宝贵意见，以便进一步修订和完善。

作　者

2011.5

目　　录

第一章　创业意识与理念

第一节　向军队学管理

【学习目的】

1.了解军队管理为企业管理树立的榜样。

2.学会如何提高领导力。

3.了解如何提高企业员工的执行力。

【教学时数】90分钟

【教学方法】讲授法、讨论法、案例法、练习法

中国改革开放30年来，优秀的、极具竞争力的、甚至是改变了中国人生活的企业，其领导人中有许多人都是军人出身。据相关资料显示，营业额在中国排名前500位的企业中，具有军人背景的总裁、副总裁就有200多人。

军旅生涯塑造了他们的性格，影响了他们的人生观、世界观，进而具有军人企业家所特有的豪情与霸气，影响到他们在掌舵企业过程中的商业决策。他们拥有坚定的信念，富有冒险精神，坚毅果敢，善于谋略。

像联想的柳传志、海尔的张瑞敏、万科的王石、华为的任正非、华仁的梁福东等为数不多的经受住了市场化考验的中国企业家，都不是商学院出身，而是出身于军队。他们之所以能够在企业管理方面取得不俗的成绩，与他们在企业管理过程中向军队学管理不无关系。中国军人本色成就中国企业家的辉煌事业！中国军队管理为中国企业树立榜样！

实践证明：军队是卓越的管理组织，高绩效的钢铁团队，成功的管理学院！

一、向军队学习团队领导力

（一）领导者的凝聚力

俗话说的“兵熊熊一个，将熊熊一窝”，就是这个意思，由此可见，任何的一个组织，要想提升组织的执行力，做到有效执行，组织的领导管理者，就必须要像解放军的领导人一样注重自我的修炼。这种修炼，首先要从

自身道德修养开始，形成特有的人格魅力，具有凝聚力、号召力。

1.委功

每个人都有荣誉感，当一件事成功而受赏之时，将功劳分享给应赏之人，以满足他们的成就欲与满足感，这样能极大地调动下属的积极性，让他们有“士为知己者死”的良好意愿，同时能使贤能者争相立功，如果长期坚持这样做则自然会产生“远者来而近者悦”良好局面。春秋时代越王勾践在这方面就是一个高手，当年勾践十年卧薪尝胆回国以后，对诸大臣说：“孤实不德，以致失国邙家，身为奴隶，苟非相国及诸大夫赞助，焉有今日。”就这一席话令所有大臣深为感动，加重以身报国的情愫，后来勾践在这群大臣的努力辅助下最终打败吴国成就霸业。

2.揽过

战国时期子产说“爱莫加之过，尊莫委之罪”就是讲如何爱护和尊重下属，作为管理者用人莫大于得人、得贤，得贤莫大于得心，以罪己收买人心，把自己造成的过错主动承担下来，就是对下属最大的爱护和尊重，最能激发下属的报答之情。所以我们要经常用放大镜来检查自己的错误，用包容来对待别人的错误，才能对自己和别人的错误有一个公正的评价，才能赢得下属的尊敬与拥护。

3.交心

我们常说的知己、知心朋友等就是说朋友间彼此心与心真诚地交流。常讲得人莫大于得心，得心莫灵于善待，如何对待下属，俗语说得好：善有善报，恶有恶报，不是不报，只是时候未到。很多人都有一套自己善待下属的方法，如与人为善、取人为善、投桃报李、连环相生，这就是善待下属，为下属着想。

4.身先士卒

向军队学管理，其实不是学什么高深的方法、理论，而是学军队的执行力，学习部队军官以身作则、身先士卒的精神。在管理之中，行动比诺言更有说服力，身教比言教更有效。做领导的只有以身作则，身先士卒，用行动做表率，才具有最大的说服力和影响力。领导如果要求下属做到自己更应先行做到，这样才能取得主动权，才能赢得人心，使下属自觉地跟着领导走。在这方面清朝的康熙皇帝就做了很好的表率，他在位期间数十次御驾亲征大漠边关，在他的带领下各将士无不奋勇杀敌，取得战无不胜、攻无不克的骄人战绩，为收复国土，稳定边疆奠定了不朽功勋。

5.关爱

孙子兵法中说："视卒为婴儿，故可与之赴深渊；视卒如爱子，故可与之俱死。"从这句话里可以看出对士兵关爱的重要性，有了这种关爱故他们可以以少胜多，以弱胜强，如中国抗日战争、解放战争等就是典型的例子。做管理也同带兵打仗一样，对下属一切关爱的举动，如两句动情的话语，几滴伤心的泪水等都会让下属终生难忘，这些往往胜过高官厚禄、金钱美女的作用，同时，它的影响不仅是受惠者本人，还能扩散到更加广泛的群体，取得意外的收获。

6.对症下药

渴望被肯定是许多人内心所企盼的，如果能对症下药有的放矢地满足下属这种欲望，便可将他们的心牢牢抓住。根据马斯洛人类需求层次的理论："生理需求、安全需求、社交需求、尊重需求、自我实现需求"，对哪一类人给以哪一类的满足，使下属感恩戴德，忠心耿耿地为其工作。

（二）领导是策略执行最主要的主体

有许多的人认为，领导的职责就是制定策略，而执行属于细节事务的层次，不值得领导费神。像这样的人，认为自己的角色定位就在于描绘组织远景，定好策略，至于执行嘛，那是下属的事情，作为领导只需要授权就行。这个观念是绝对错误的。相反地，执行应该是领导最重要的工作。实际上，真正优秀的领导必须脚踏实地，深知自己所处的大环境、认清真正问题所在，然后不畏冲突勇敢面对。"知易行难"，这应该是大家都知道的道理吧！领导制定策略之后需要自身也参与执行，只有在执行过程中才能够准确及时地发现执行是否能够实现策略，原来策略有哪些应该调整，根据执行的情况随时调整策略，这样的策略才是应变环境的良方。如果领导角色定位错把忽视执行当成必要的授权，等到发觉策略不能执行，到时候再修改调整策略，可能已经晚矣。

执行力就是将战略落到实处，是由发起者最先掌握，继而带动整个组织形成的一种战略执行能力。如果你的组织输给了竞争对手，很可能是因为你的组织执行力不如对方造成的。如果对手在执行方面比你做得更好，那么他就会在各个方面领先。由此可见，组织迫切需要执行力，培养组织执行力的关键就是使每个人都扮演好自己的执行角色。

首先，领导要扮演好自己的角色。执行，是实现既定目标（战略）的具体过程，也是一件非常艰苦、困难和琐碎的事情，而组织领导者在这其中扮演了一个至关重要的角色，既是管理者，又是策略执行最重要的主体。

领导者的角色不仅仅是制定策略和下达命令，更重要的是必须具备执行力。如果领导者认为做管理不需要执行力，那么角色定位就有问题。在一些成功的组织里，最高层领导者都是一手抓策略，一手抓执行力。

作为领导者必须既要重视策略又要重视执行力，做到一手抓策略，一手抓执行力，两手都要硬。同时，优秀的领导者不仅自己具有强大的执行力，而且能训练出一批一流的执行人才。杰克•韦尔奇以为："如果我们让员工成长，就鼓励他们的自信心，赋予他们更多的责任，将他们最好的想法加以利用，那么我们就有了赢得竞争的机会。"此外，领导者作为一个"火车头"，其执行力还包括：培养下属的执行力，启发下属认识到自己角色的重要性，告诉下属工作的目的是什么，让下属知道你对他的期望，及时告诉下属他做得如何。只有这样，你的监督和检查才能顺利进行。

众所周知，组织的行为在很大程度上受领导者行为的影响，因为员工往往会以领导者的行为风格为榜样。雷厉风行的领导者，其下属的做事风格也是快速和高效率的；注重实际的领导者，其下属的行为方式也是沉稳老练的。要想让员工注重具体工作，具备有效执行的行为风格，领导者就必须全身心地投入到公司的日常运营中去，对关键的细节给予足够的关注和重视。就中国人民解放军来说，拥有着超强的执行力，做到执行到位。从某种程度上来说，源自于该组织的领导管理者，首先就是具有超强执行力，有效执行的人。他们不仅要求组织中的成员，要做到一切听从指挥，有效地执行，同样也是这样要求自己的。在抗日战争时期，在解放战争时期，许多的解放军的高级将领，例如朱德、彭德怀等，他们无一不是在各个方面严格要求自我，注重自我的素质修炼的，也恰恰是因为解放军组织中有着无数像这样优秀的领导与管理者，整个组织的成员在他们的熏陶与引导下，有着令人惊奇的执行力，并且能做到有效的执行。

（三）给下属作出榜样，要求下属"照我做的去做"

有些企业决策执行不能到位的主要原因就是很多的领导管理者只要求下属"照我说的做"，而不是"照我做的去做"。在关键时刻不能坚持原则，更没有实力和勇气站出来。

组织是一个有机整体，员工都在看领导者怎么做，继而就会跟着效仿。因此，领导者只有在关键时刻为员工作出好的榜样，才能起到带头表率作用，才能有效地激励员工。

领导者作为公司的灵魂人物，是全体下属员工学习和效法的榜样。因此，领导者一定要时刻注意自己的一言一行，避免造成负面影响。

1.身教重于言教

领导者只有把说与做结合起来，用自己的行动做给下属看，才能更有说服力。把“照我说的做”改为“照我做的做”才会真正起到一个示范的表率作用，会对下属的行为产生十分重要的影响。更多的下属当遇到工作上的问题时经常会去请示自己的领导，领导此时在员工的心中无疑就是一个榜样一个楷模，成为员工经常模仿的对象。所以作为组织的领导管理者，时时要求自己的举止言行，在工作上更要一丝不苟，以身教来给自己的下属一个最好的答案。相反的，如果一个领导者工作松散，经常无故迟到，工作时间更是随意，私人电话一个接一个，全然不顾别人的眼光，工作过程中又不踏实，总是左顾右盼，盼望着早些下班，那么他就不是一个称职的领导，他所管辖的部门就很难有好的业绩，工作自然就会搞得一塌糊涂。

可见，作为现代组织的领导者必须要以身作则，因为你的一言一行都有可能成为员工效仿的对象，只有用自己的实际行动说服下属，才能形成亲和力，才能表现出高度的凝聚力。

2.时刻严格要求自己

组织的领导不仅是原则的制定者，也是原则的执行者。他就好比团队的一面旗帜、一声号角。他的行为，感染着追随者的行为；他的指向，引导着团队的方向。

在领导接触下属的过程中，组织领导者应注意发挥在组织中的“示范效应”。要达到这个目的，应该在做到“严于律己”的同时，把律己的影响力辐射到你的周围，在本部门甚至其组织的所有成员中产生反响。要让员工们感到，组织领导既是一个组织中人事制度与政策的制定者，同时，又是模范的执行者。鲁冠球（浙江万向集团董事局主席兼党委书记）曾经说过：“喊破嗓子不如作出样子。”可见，作为一名组织的领导者，应该知道身教重于言教的意义，更应该知道“上行下效”的道理。领导者就像教师一样，每天都在传递给学生一些信息，下属潜意识里也时常把领导当做模范教师一样。所以，要事事处处从自己做起，起到一个模范的作用。一个人是否能不断地超越自我，很大程度上还取决于在物质生活条件越来越好、权力越来越大的情况下，能不能保持清醒的头脑和严于律己的作风，只有继续发扬艰苦奋斗的精神，保持这种优良传统才能使自己的个人形象日趋完美。即便今天的你并不是一名卓越的领导者，而是一名普通的员工，但是你始终甘愿做一名默默无闻的普通员工吗？难道你就不想有所成绩有所突破吗?如果你想改变现在的工作状态，那么就请时时以身作则，这会让你在工作中表现得更加优异，更为出色，从而影响和带动员工追求更高的目标。

为了在员工中真正起到鼓舞、吸引、导向和榜样作用，组织领导者应注意以下几点：

（1）要了解你的下属关心什么、需要什么，尽力满足他们的合理要求。

（2）要想赢得下属的尊重，首先要尊重下属。要懂得你的权威不在于手中的权力，而在于你的下属的信服与支持。

（3）要学会利用各种机会和方式使下属清楚你知道他们干得好坏。

（4）做到真心喜欢所有的人，明白信赖导致信赖、怀疑导致怀疑。

领导者不仅是领袖，也是导师。导师不仅要告诉追随者应该做什么，还要告诉他们应该怎么做。可以这么说，领导者不仅是原则的维护者，也是原则的执行者，甚至是原则本身。他是团队的一面旗帜，一个榜样。他的行为，感染着追随者的行为；他的指向，引导着团队的方向。只要旗帜不倒，团队就不会动摇。身为领导者，必须是那些坚持原则，并乐意为原则付出牺牲的人。

事实上，任何一个领导者的行为，都会影响他的追随者和身边的每一个人。追随者会通过一种被称为“示范”的学习过程而受到影响。这种影响在平时是潜移默化的，也许不会被清醒地认识到，可在关键时刻却是非常强烈的。

相反，如果当面一套，背后一套，一旦被人们发现，他们在员工心目中的形象就会黯然失色。

（四）有效授权，让自己去做更重要的事

作为领导者要提升组织的执行力，除了要像上面那样明白自我的职责，给下属作出榜样之外，还应当懂得授权的哲学。事实上，许多的组织难以做到有效的执行，便是在于领导者不懂得授权。在解放战争中，有关专家在分析国共两党成功与失败的原因时，其中，最主要的观点就是国民党的高级领导人不懂得授权，事事都要亲为；而由共产党领导的解放军，其领导者深谙授权的哲学，将任务布置下去后，让享有权利者灵活机动地执行，完成任务。

可以这么说，一个组织的领导者“无权不揽，有事必废”，不愿授权、什么都干，那么他将什么都干不好。这样的组织是不可能具有较强的执行力，也不可能做到有效地执行。因此，作为组织的领导管理者，要想提升组织的执行力，就必须学会有效授权。有效授权并不是推卸责任或者好逸恶劳，也不是强人所难，而是进行人力资源管理的重要内容之一，是一种用人策略，但是授权也要遵循一定的原则防止无限制地授权。那么领导者怎样才能做到有效的授权、提高整体的执行效应呢？

1.授权要与目的相联系

授权要以组织的目标为根据，分派职责和委任权力时都应该围绕着组织的目标进行，只有为实现组织目标所需的工作才能设立相应的职权。另外，授权本身要体现明确的目标：分派职责时要同时明确下属需要做的工作是什么，达到的目的和标准是什么，对于达到目标的工作应如何奖励等。只有目标明确的授权，才能使下属明确自己所承担的责任，执行好各项工作。

2.权力与责任的统一

下属履行其职责必须要有相应的权力。责大于权，不利于激发下属的工作热情，即使处理职责范围内的问题，也需要层层请示，势必会影响工作效率。权大于责，有可能会使下属不恰当地滥用权力，最终会增加领导者管理和控制的难度。

3.有明确的授权范围

作为一个单位，会有很多部门，各部门都有其相应的权利和义务，领导授权时，不可交叉委任权力，这样会导致部门间的相互干涉，甚至会造成内耗，形成不必要的浪费。

中国台湾奇美公司以生产石化产品ABS而位居全球行业第一，其董事长午文龙对于组织内部大大小小的事情，始终是全部授权，从不做任何书面指令，即使偶尔和主管们开会，也只是聊聊天、谈谈家常而已。很多时候，他根本不知道他的图章放在哪里，更奇怪的是，他连一间专门的办公室都没有。因为没有办公室，他只好经常开车到处去钓鱼，有一次遇到大雨，他想去公司看一看，但是当员工看到他时，竟然惊讶地问道："董事长，没有事你来干什么？"他想了想，说："对呀，没有事来干什么？"于是，他很快一溜烟地开车离开了。

从这个故事中我们可以看到有效授权的效果，不仅减轻了管理者的负担，而且充分发挥了下属员工的主观能动性，有效地提高了执行能力。

二、向军队学习团队执行力

在任何时代，就任何一个团队来说，要能获得成功，就必须拥有较强的执行力，并且能做到有效执行。纵观历史，无论是秦皇汉武还是唐宗宋祖，他们能取得惊人的成就，在历史的舞台上留下灿烂的一幕，追究其最根本的原因，就是在于他们所组建的是一个具有超强执行力，并且能做到有效执行的组织。成立于1921年的中国共产党，由中国共产党绝对领导的中国人民解放军就是这样的一个组织，恰恰是因为他们拥有着超强的执行力，并能做到有效执行，才能逐步得以成长、壮大，战胜了从人员数量、武器装备上占有绝对优势的国民党领导的军队，最终实现了自我的目标，建立了一个全新、强大的新中国。

现今我们所处的时代有一个最为显著的特征，那就是竞争。对任何一个组织来说，要在竞争激烈的环境中得以很好的生存与发展，就必须拥有解放军一样的执行力，并能做到有效执行。那么，怎样才能拥有像解放军一样的执行力，做到有效的执行呢？当我们在追述解放军的一些事迹时，可以得到以下几点启示。

（一）做到一切行动听指挥

要提升组织的执行力，做到有效执行，就只能有一个标准，这是解放军给我们的第一个启示。这个标准在军队称为纪律，加条令、条例，在企业就成为规章制度，工作程序。

组织运行是各层级管理的体制，任何组织概莫能外。组织要提升执行力，做到有效执行，首先要做到的就是要求组织成员能按组织规定和号令行动。

为保证能够“一切行动听指挥”，解放军把管理者分为3个层级：

1.高层管理者

这主要是指担负集团军以上的将领们（军衔上从少将到上将）。他们在解放军中主要从事决策、引导、协调工作；战区以上的将领主要负责制定法规制度，并对实施起监督作用。

2.中层管理者

主要是师、旅、团的校官们（军衔上从中校到大校）。他们在解放军中主要从事计划、组织、沟通、治理等工作，在决策、监督等方面也起一定的作用。

3.基层管理人员

主要指营以下领导，包括连排长和班长（军衔上少尉到中校，主体是士官）。他们主要执行、贯彻上级的指令，带领部属实现既定的管理目标。

在组织建设上，纵向看，解放军的组织有决策层、执行层和操作层，但每层的角色又是相对的：他们相对于下级，是监督层、决策层；相对于上级，又是操作层、执行层。横向看，有参谋部、政治部、联勤部和装备部，他们保证和监督决策的落实。

与此相对照，现代组织管理有四项基本原则：

原则一：该谁干?这是组织管理中的首要问题。有的组织是先找到合适的人，再开展这项工作；有的组织是先让人员干起来，再分配合适的工作给“干事的人”。

原则二：怎样干?作为组织，应该有自己的“规矩”、“操作手册”和“路线图”。组织是人群的集合，要让找到的合适人选有“操作手册”，并按手册操作，保持组织的一致性。

原则三：干到什么标准？找到的人按照规定的方法，达到预定的目标（标准），是组织管理的目的。实施，则是组织的绩效考核。

原则四：谁有权检查（向谁负责，谁有权听汇报）?谁是组织者（领导）？这是组织管理活动开始的基本条件。

（二）为谁扛枪为谁打仗

我们可以看到，只要一接到任务，无论任务有多么困难，接到任务的解放军便会立刻展开行动，并会想尽一切办法将任务完成。翻阅中国人民解放战争的历史时，会很显然地发现，有许多的革命先烈，英勇的解放军战士，例如，狼牙山五壮士、董存瑞等，他们即便是牺牲自我的生命，都要求自己完成任务，就是因为他们知道，自己是在为谁扛枪，在为准打仗，明白自我的职责所在。换成另外一句话来说，那就是他们有着一个明确的执行目标，知道自己所做的意义所在。就任何的一个组织而言，要想提升组织的执行力，做到有效执行，就要确立一个明确的执行目标，让组织中的每一位成员明白到自己所做的意义所在。这是任何一个组织提升执行力的关键——用价值观指引组织成员明确努力的方向。

任何的一个组织，向既定的目标前行时，所面临的挑战多种多样，在执行的过程中，如果缺乏应有的组织价值观，就会对组织成员缺乏一定的指引，让团队成员常常无所适从或难以形成合力。想想看，这样的组织又怎能拥有较高的执行力，做到有效执行呢?

中国人民解放军之所以能够做到一切行动听指挥，能做到有效地执行，在于组织拥有正确的价值观。组织的价值观，在现代组织中的地位变得越来越重要，其根本的原因是：组织的真正存在并非是资产的积累、规模的扩大，而是其文化、精神的存在，一旦组织失去了自身的文化与精神，或者是形成了某种病态文化，不论其当时的市场、社会利益如何，不论其在大公司中所排的座次如何，都会很快因为难以做到有效执行而陷入危机之中。危机不是原因，而是结果，缺乏文化的结果。

由此，组织要提升自我的执行力，就应当尽早确定自己的价值观，用组织的价值观来同化每一位员工，从而协调统一组织的所有行动。价值观是组织文化的核心，也是维系员工的原动力。不同的组织有不同的价值观，在价值观的塑造方面，没有一种固定的模式可循。但我们仍然能从那些卓越的组织中提炼出具有普遍意义的优秀理念。

1.尊重别人

只有尊重别人才能令公司有效地运作，尊重别人既包括尊重客户，也包括尊重员工。在管理的诸多因素中，人是最难管的。管理者应该为员工提供一个宽松的环境，它包括物质环境和心理环境两个部分。其中，心理环境是很容易被忽视的，但它又是非常重要的。因此，作为一个管理者，应该首先尊重员工的人格，重视他们的建议，信任他们的工作，另外，还要不断地鼓励和赞扬他们。

2.正直不阿

正直不阿的品格是一个组织取得持续成功的一个必要条件。在当今越来越复杂的社会竞争中，正直和诚实可以给组织带来信誉和尊严，这是任何一个组织和个人在力求赢得及保持公众尊重时必须具备的条件。

3.信誉至上

信誉在商业社会就是无价的金字招牌，离开信誉根本无法在竞争中立足。公司的信誉是靠员工去建立的，因而必须履行许下的诺言，赢得公司内外和公众的信任，为公司赢得良好的信誉。

4.自强不息

要强化积极向上的氛围，要鼓励员工不断学习和创新，为组织提出更多宝贵的建议和创意。同时，也要帮助员工不断更新和提高个人技能，精益求精，力求发展，从而带动公司不断进步。

5.相互信任

信任是人与人、组织与组织之间真正交流的基础。人们必须在相互信任和依赖的环境中工作，并深信每位同事都能自觉地完成任务。同时，每个员工也要恪尽职守，这样才能贯彻互信的精神。

6.论绩嘉奖

美国管理学家德鲁克说过，要调动员工积极性，重要的是使员工能发现自己所从事的工作的乐趣与价值，能从工作中得到满足感。论绩嘉奖是对员工所作出的成绩的肯定，它可以鼓励员工更加尽心尽力地工作，使得员工和组织的目标同时得到实现，从而获得双赢。

值得注意的是，单是了解组织的价值观还远远不够，要让价值观真正发挥指引员工努力方向的作用，还必须将深思熟虑的价值信念用明确的文字记载下来，并成为组织文化这项管理实务重要的一部分。这些价值应该向每位员工说明，而且必须让他们很容易取得相关资料。无论是暗示或明示的方法，公司每次与员工沟通或是员工彼此的互动中，都应该融入这些价值观念。

（三）严格的制度和严厉的要求是成就一切的基础

规矩的制定是组织成员行为能够全体一致的前提和基础。实际上，任何组织都一样。要使组织成员从数量上说是从零到无限多，能够具有统一的行为，组织者首先需要做的工作就是“建章立制”、确定游戏规则。所以，一个明智清醒的管理者，在组织建设上都把很大精力放到规则的制定上。中国人民解放军正是因为有了这种组织纪律性，组织中的每一个成员能自觉地遵守组织所规定的各项规章制度，并对他们有着严厉的要求，才使得他们能有效地执行，将每一项工作任务都执行到位。由此，对现今的组织来说，要想提升组织的执行力，做到有效执行，组织的领导管理者必须做好以下几方面的工作。

1.制定明确的、切实可行的规则

俗话说：“没有规矩，不成方圆。”没有完善的规则，或不善于运用规则，顾此失彼，工作必然无法展开。所以，领导者要让员工清楚地知道怎么做会受奖，或者怎么做会受罚。如果领导者能正确制定出大家共同遵守的工作准则，不仅保证了成员们行动的正确规范，而且还有利于调动和发挥人的积极性。

订立详细、明确的工作规范来约束员工，对每个组织都是必要的。领导者可以对各个岗位做详细的描述，使每个员工都清楚自己的工作内容，向谁汇报、有什么权利、承担什么责任。当然，这种限制不应过于严格，但一定要有。建立合理的规范，员工就会在其规定的范围内行事。

对员工的规范，有具体的条文和实施细则，因此，它能够得以有效执行。如果一个规章制度过于抽象、笼统，那么，它将难以执行。一些组织的制度无法落实的教训之一，正是因为许多制度是包罗万象的抽象性规定，尽管内容丰富，覆盖面广，精神主旨正确，但一接触许多具体问题时，则难以对号入座。例如，有的组织管理部门规定上班时间“要严肃”，这就过于抽象，不容易具体实施。例如，规定“几不准”问题，只原则规定不准做什么是远远不够的，这种制度即使有人违背了，也不能及时严肃追究。如此，必须明确规定由谁来监督执行，违反了制度由谁去惩处以及处理的具体程序。

员工的行为规范制定得好坏，是关系到你能否有效管理员工的重要前提。只有让规则“有法可依”，才能成为刺激下属工作热情的法宝。不要可惜你精心设计制度的时间，要知道，一套完美的规章制度所带来的好处，要远远高于你用这段时间做其他事的收益。

2.向员工公布组织的各项规章制度并严格执行

作为领导，应当以有效的手段保证规章制度得以贯彻落实。规章制度没有什么碍于情面而不方便宣布的，别等到出了什么后果再去亡羊补牢，恐怕那时已来不及了。

领导者在加强组织管理和完善内控建设中，必须高度重视有章不循、违章操作的危害并全力加以制止，构建人人自觉遵章守纪的良好内控环境。

制度由两个部分组成：一是制定；二是遵守和执行。公司制定出来的规章制度不能成为摆设。作为领导，你应当以有效的手段保证其得以贯彻落实，一旦发现有人违纪，便加以惩治，绝不手软。

为促成遵守和执行纪律的好气候，你应该采取以下几个明确的办法。

（1）纪律面前人人平等。制定出的纪律和规章是让每个人遵守的。当然，并非每个违规行为都受同样的处罚。一视同仁不是说对待所有的人要完全一样，一视同仁的原则是指在同样条件和同样情形下，应该采用同一处罚，领导和职员要有同样的“待遇”。

作为组织的领导者，不能自律，就无法以德服人、以能御人。好的领导者必须懂得，要求下级和员工做到的事，自己必须首先做到。

（2）真心沟通。处分的目的在于教育，而不是惩罚，在执行纪律处分后要让员工以积极的态度认识处罚的初衷。你要与违反纪律遭受处罚的员工真心沟通，消除他的苦恼和怨恨的情感，要给予他足够的信任，相信他能够改正错误。

（3）认真调查了解。你要重视违反公司规定的行为，要用行动向员工表明你打算认真执行公司的规章条例。你也不应该草率地惩罚或处分员工。在你行动之前，在你做任何事情之前，你必须搞清楚发生了什么问题以及员工为什么这样做。

（4）公平公正。不要滥施压力，对员工和公司都要公道。对员工要公道是指有充分的根据。它包括解释清楚公司为什么要制定这条规章，为什么要采取这样的一个纪律处分以及你希望这个处分产生什么效果。

（5）私下处分。如果公开进行惩治，那么受处分的员工会因当众受批评而产生怨恨，形势就可能恶化而起破坏作用。关于私下处理的规则仅有一个例外，那就是员工在其他人面前公开与你作对。在这种情况下，你必须当众迅速果断地采取措施，否则，你就会失去雇员对你的尊重，失去控制，大大损伤士气。

（6）保持镇定。无论违规行为多么严重，你都应该保持镇定，不能失控。你怎样才能恢复镇定呢?闭上嘴巴，待会儿再开口，做些拖延时间的事情。告诉员工半个小时之后再到你的办公室来见你，或者请这位员工与你一起去你的办公室或休息场所。切忌对员工大发雷霆。不乱发脾气，可以取得员工的尊重，而他也会感觉到纪律的重要性，决心改正而不是采取厌倦、抵触的态度。

“没有规矩，无以成方圆。”这是古人总结的一条历史经验，在几千年后的今天，重温这句话，对我们仍有启示。我们要铸就铁的纪律去赢得胜利和成功。

第二节　时代与创业

【学习目的】

1.了解时代的进步。

2.了解时代的特征。

3.把握创业的机会。

【教学时数】90分钟

【教学方法】讲授法、讨论法、案例法、练习法

【案例】

马云，中国电子商务网站的开拓者，阿里巴巴网站创始人兼CEO。马云

不仅没有上过一流的大学，而且连小学、中学都是三四流的。1984年，历经辛苦的马云终于跌跌撞撞地考入杭州师范大学外语系，大学毕业后，在杭州电子工业学院教英语。

1991年，马云和朋友成立海博翻译社。结果第一个月收入700元，房租2 000元，遭到同事、朋友的一致讥讽。在大家动摇的时候，马云坚信：只要做下去，一定有前景。他一个人背着个大麻袋到义乌、广州去进货，翻译社开始卖礼品、鲜花，以最原始的小商品买卖来维持运转。

1995年初，他偶然去美国，首次接触到互联网。对电脑一窍不通的马云，在朋友的帮助和介绍下开始认识互联网。出于好奇的马云请人做了一个自己翻译社的网页，没想到，3个小时就收到了4封邮件。敏感的马云意识到：互联网必将改变世界！随即，不安分的他萌生了一个想法：要做一个网站，把国内的企业资料收集起来放到网上向全世界发布。

刚刚步入而立之年的马云已经是杭州十大杰出青年教师。但是，马云放弃了在学校的一切地位、身份和待遇，毅然辞去工作“下海”经商。

此时，在全球范围内，互联网也刚刚开始发展。而杭州尚未开通拨号上网业务，马云梦想着要用互联网来开公司、“下海”、盈利。这个想法立即遭到了亲朋好友的强烈反对。“我想了一个晚上，第二天早上决定还是干，哪怕大家全反对我也要干。”“我觉得做一件事，无论失败与成功，经历就是一种成功，你去闯一闯，不行你还可以掉头；但是你如果不做，就像晚上想想千条路，早上起来走原路，一样的道理。”

1995年4月，马云和妻子再加上一个朋友，凑了2万块钱，专门给企业做主页的“海博网络”公司开张了，网站取名“中国黄页”，成为中国最早的互联网公司之一。3个月后，随着上海市正式开通互联网，公司业务量激增，其先见之明为他带来了丰厚的利润。不到3年，马云就轻轻松松赚了500万元利润，并在国内打开了知名度。

1997年，在国家外经贸部的邀请下，马云带着自己的创业班子挥师北上，建立了外经贸部官方网站、网上中国商品交易市场、网上中国技术出口交易会、中国招商、网上广交会、中国外经贸等一系列国家级站点。1999年3月，马云和他的团队回到杭州，创办阿里巴巴网站，进行二次创业。当时全球互联网的电子商务基本上是为全球顶尖的15%大企业服务的。但马云毅然作出决断，只做85%中小企业的生意。就这样，1999年9月，马云的阿里巴巴网站横空出世，其发展方向是为商人建立一个全球最大的网上商业机会信息交流站点，这种服务在整个互联网界开创了一种崭新的模式，并很快引起美国硅谷和互联网风险投资者的关注。

阿里巴巴所采用的独特B2B模式，即便今天在美国，也难觅一个成功范例。网站注册成立一个月后，由高盛牵头的500万美元风险资金便立即到账。马云用这笔钱从香港和美国引进大量的外部人才。1999年底，马云以6分钟的讲述获得有“网络风向标”之称的软银老总孙正义3 500万美元的风险投资。

2000年1月，阿里巴巴与全球首屈一指的互联网投资者软库携手，引入软库的2 000万美元投资，同时，与软库合作开发日文、韩文及多种欧洲语言的阿里巴巴国际贸易网站。

2003年5月，阿里巴巴投资1亿元人民币推出个人网上交易平台淘宝网，打造全球最大的个人交易网站，2004年7月，又追加投资3.5亿人民币；2003年10月，阿里巴巴创建独立的第三方支付平台支付宝，截至2005年3月，通过支付宝在淘宝网的日均交易额就已超过350万人民币，而增势依然十分迅猛。

2004年2月，阿里巴巴公布了自己总额为8 200万美金的新一轮私募成功，目前，阿里巴巴已有10亿元人民币的现金在手，已经可以和国内任何一家门户网站并驾齐驱。

事实证明，风险投资家马云的判断是准确的。创业当年，阿里巴巴的会员就达到8.9万个；2000年达到50万；在2001年互联网的严冬季节，依然实现了百万会员的目标，并成为全球首家超过百万会员的商务网站；目前的会员总数已经超过350万人之众；在全球权威Alexa 2004年排名中，淘宝网在全球网站综合排名中位居前20名，中国电子商务网站排名第一名。马云就此放出豪言：“2004年，我们要实现每天利润100万；2005年，我们要每天缴税100万。”这话如同马云本人一样看似狂妄，实则精明。这些对外宣称的数字，都是通过财务统计和实践证明的。

马云被著名的“世界经济论坛”选为“未来领袖”、被美国亚洲商业协会选为“商业领袖”，是50年来第一位成为《福布斯》封面人物的中国企业家，并曾多次应邀为全球著名高等学府麻省理工学院、沃顿商学院、哈佛大学讲学。

在马云的办公室里，高高悬挂着金庸先生手书的题词：“临渊羡鱼，不如退而结网。”细品马云一直以来的创业足迹，这个题词正是点到要害，这也正是马云步步成功的秘诀。“如果马云能够创业成功，我相信80%的年轻人创业能成功。”马云这样叮嘱当下的创业者。

一、创业改变世界和人生

（一）创业革命：美国的秘密武器

20世纪90年代以来，美国社会经济科技高速增长堪称当代奇迹。对此，相关研究者认为：创业精神和创业能力是最为稀缺的社会资源，创业革命是美国经济持续繁荣的基础。

据估计，在20世纪70年代，美国每年诞生的各种各样的新公司大约只有20万家。但在1990年代，每年各种新企业的诞生数可能是350万。即平均每250个美国公民就有一个新公司，创业革命直接推动了美国经济的繁荣，造成了商业巨人的衰落。主要表现在：

1.创造就业机会

自1980年以来，美国已经创造了3 400多万个新的就业机会，但《财富》500强企业同期却减少了500多万个就业岗位。小企业提供了大约75％的新增职位。从硅谷和波士顿，扩展到北卡罗来纳州的研究三角带、得克萨斯州的奥斯汀、科罗拉多州的丹佛／圆石区、印第安纳波利斯、哥伦布、安阿佰和佐治亚州的亚特兰大，没有一个新兴的高增长地区不是主要由新的小型成长型公司创造大量就业机会的。

2.新行业的形成

经济变革大潮中的创业一代不仅创建了一些杰出的公司，还创建并领导了全新的行业。例如，个人计算机、语音邮件信息技术服务、生物技术、手机服务、网络出版与网上购物、虚拟图像、快餐超市、手控设备、数字媒体与娱乐、保健生活用品等。这些新行业改变了整个经济社会，加快了老行业淘汰步伐，加速替代的后果是大公司裁员和适当调整规模。

3.提交税金

由于小企业能够提供许多大企业所不能提供的服务，而且有很多创造发明，因而，小企业产品的销售量很大，占美国销售量总数的54％，因而能够为国家提交大量的税金。

4.激发了整个社会的创新意识和创业精神，为起跑线上的年轻人圆梦

创业革命使“为自己工作的观念”深深扎根于美国文化中，并且显示出从来没有过的强劲势头。盖洛普和罗珀•斯塔奇民意测验的调查结果显示，年轻人和成年人对创业的兴趣空前高涨。

当比尔·盖茨在20世纪70年代末创建微软公司时，IBM在同类公司中独占鳌头。但是，到了20世纪80年代末和90年代初，面对微软、苹果、莲花、戴尔等后起之秀，IBM业绩产生了剧烈滑坡，员工人数缩减了将近一半，股票直线下落，并陷入混乱当中。与此同时，微软却由1980年的年收入800万美元、员工38人迅速增长到2000年底的销售额218亿美元、员工31 000多人，股票总市值3 623亿美元。

据统计，在20世纪60年代，全球500强企业的名单需要20年才能更新其中的35%；在80年代后期，完成上述更新只需要5年；到了90年代，又减少到了3～4年。这背后的原因在于创业活动的日趋活跃，加速了企业的更新换代，企业界已经到了只领风骚3～5年的突飞猛进的创业革命时代。

据此，一些著名的学者认为，创业精神和创业过程是美国经济的秘密武器。美国经济由于创业革命而发生了大的转变，创业者们和创新者们已经彻底改变了美国和世界的经济，创业者们正在创造前所未有的巨大价值，当今美国财富中超过95%是在1980年后创造出来的，美国经济20世纪90年代后的强劲增长和旺盛活力，关键就在于整个社会旺盛不衰的创业精神和千百万家小型企业生生不息的创业活动。

（二）全球创业浪潮

20世纪90年代以来，美国出现了新一轮创业高潮，创造了大约2 200万个就业机会。据美国一份报道："成年人掀起的经商热潮已逐渐在高中生和初中生中出现，甚至连一些小学生也在开商店和自封执行官。"

美国创业教育和研究的先驱者蒂蒙斯教授提出：创业革命对21世纪所产生的深远影响将相当于甚至超越工业革命对19世纪和20世纪所产生的影响。

美国的创业革命震撼了世界。1994年，联合国大会一致通过了一项决议，支持并鼓励所有新兴国家和发达国家把促进创业作为一项国策。

为此，许多国家都提出，要把美国的经验吸收到本国来，鼓励大学毕业生创业。例如，英国自1981年起实施了"企业创办计划"、"小工程公司"、"小工场计划"等一系列项目；1990年代以来的法国，一些地区已经开展了诸如"在中学里办企业"、"教中学生办企业"等许多活动，培养学生的创业意识和兴趣；德国政府明确提出，高等院校要成为"创业者的熔炉"，要求在今后5～10年间，每届20%～30%的毕业生要独立创业；在亚太地区，许多国家已经开始有目的地将创业教育渗透到普通教育中去。

GEM（全球创业观察组织）2003年调查了31个国家的创业活动，全员创业活动（TEA）指数（即每100位年龄在18～64岁的成年人中参与创业活动的人数）世界平均8.8%，美国为11.3%，英国6.4%，而1999年英国的TEA指数为3.3%，美国为8.5%。可见，英、美及世界一些主要国家的创业活动呈现强烈的增强趋势。

就国内来说，2004年由《中国青年报》与新浪网共同推出的创业问卷调查结果显示：受访网民有70%年龄在20～30岁，近90%的人"有创业的打算"。可见在中国创业也已成为青年人的共识。

（三）创业改变世界

回顾一下在近20～30年间，创业者所创造出的新行业，例如，个人电脑、生物技术、闭路电视、个人电脑软件、办公自动化、手机服务、光碟、网上出版和购物、虚拟成像等，就不难想象创业者是如何巨大地改变了世界的发展进程和人们的生活、工作和学习方式。

创业创造了光辉灿烂的人类文明，创业还将创造光明美好的未来。可以说，没有任何一种单一的社会经济的推动力量，能像我们正在共同面临的这场创业革命那样，在21世纪以至未来更长的时期，深远地影响并将完全改变人们如何生活、工作、学习和发展的方式。

简单来说，创业主要有4个方面的作用：

1.经济发展的原动力

创业已成为导致美国经济奇迹般地持续增长的"秘密武器"。在美国，小企业占企业数的99%，产值占GDP的40%，70%的技术创新由小企业完成。美国95%以上的财富是由1980年以后新出现的比尔•盖茨等新一代创业英雄们创造的。

创业这一秘密武器在日本、意大利等国家发挥了同样的效力。在日本经济迅速增长过程中，日本创业家创办的中小企业功不可没；意大利是"中小企业"的王国，其中小企业集群生产的皮革、服装、玻璃、家具、陶瓷、大理石、鞋类等，具有较强的竞争优势。

在我国，经过30年的改革开放，创业活动催生了中小企业的迅速崛起。新创的中小企业是中国经济新的增长点，提供了大量的产品和服务，对我国经济持续高速增长，对促进我国的城市化进程和现代化建设，起到了重要的作用。

具体来说，创业对于经济增长的作用表现在：优化社会资源的配置；促进市场体系的完善，增加市场竞争活力；改变传统的产业格局；创造社会财富，增加国家财政收入；拉动国内市场需求，繁荣社会经济。

2.科技创新的加速仪

创新是创业的主要驱动力量，创业是新理论、新技术、新知识、新制度的孵化器，也是新理论、新技术、新知识、新制度形成，实现生产力的转化器。

美国的相关研究表明，第二次世界大战后，在美国创业型小企业的创新占所有创新的一半，占到重大创新的95%；在较小的创业型企业的研究开发比大企业更有效率和更为强劲，小企业每一美元的研究开发经费产生的创新是大企业的2倍。

企业内的创业活动是获得并强化创新能力和核心竞争力的重要途径。TCL本是一个家电企业，由于内部的团队创新，开发了新的手机产品，为企业在通讯产品市场找到了发展机会和TCL集团新的利益增长点，促进了TCL集团的良性发展。

就我国来说，当前中国经济结构调整的重点是发展高新技术产业和进行传统产业的升级改造。而创业往往伴随着新技术、新产品、新工艺、新方法进入市场，科研成果转化型的创业企业，往往伴随着新的技术或工艺的产生与发展，这对中国科技水平和综合国力的提高有着巨大的促进作用，成功的创业企业必然会为社会经济注入新鲜活力，有利于促进整个社会生产力的发展。美国新经济的兴起和发展，离不开20世纪80年代硅谷大批创业企业的创立。

3.社会就业的扩容器

管理学大师彼得•德鲁克曾对1965——1984年间的美国经济进行过研究，他发现：创业型就业是美国经济发展的主要动力之一，是美国就业政策成功的核心；就业机会都是中小企业创造的，并且都是创业型和创新型企业创造的。尤其在大企业进行大裁员时，中小企业在稳定就业方面起着越来越重要的作用。

“九五”以来，在我国国有和集体企业下岗分流、裁员增效的大背景下，国有单位和城镇集体企业就业空间明显缩小，只有私营企业和个体经济就业持续增长。据统计，1995——1999年间，城镇国有企业就业减少了2 000多万人，城镇集体企业减少了1 000多万人，外商企业就业增加不到100万人，而私营企业和个体经济就业增加了1 500万人，成为就业的主渠道。

就业是民生之本，是人民改善生活的基本前提和基本途径。我国有13亿人口，就业压力在世界首屈一指。目前，中国的改革正进入攻坚阶段，产业结构正进行优化和调整，在这个重大社会转型期就业矛盾更加突出。没有全社会广泛的创业活动，社会就业问题将直接影响我国社会经济发展进程与和谐社会的建立，因而创业创新对我国的意义就越发重大。

4.社会进步的推动器

创业活动促进了社会经济体制的改革和深化。创业是将创造性带进组织的一种完整概念，其核心就是创新，包括技术创新、组织创新、管理创新和制度创新。实际上，我国的企业制度创新就是从中小企业开始的，体制改革也是首先以中小企业为试验田的。

创业繁荣了市场、丰富人们的生活、提高生活质量。大量的新创中小企业，利用其灵活机制，通过“多品种”、“小批量”等个性化服务以及参与垄断行业和新兴产业领域的竞争，保证了市场活力，促进了市场竞争。

创业促进了社会稳定和谐，是实现共同富裕的有效途径。创业不仅使大批白手起家的人获得丰厚的财富回报，更通过扩大社会就业，降低社会失业率，稳定了社会秩序，实现了共同富裕的发展目标。

创业还有利于社会文化、观念的转变。创业使无数个人进入了经济和社会的主流，对于形成创新、宽容、民主、公正、诚信等观念和文化具有积极作用。

（四）创业改变人生

创业是个伟大历程，通过创业，才能有效实现人生价值，把握人生航向。

1.创业可以充分发挥自己的才能

许多上班族之所以感到厌倦，积极性不高，重要原因之一是个人的创意得不到肯定，个人的才能无法充分发挥，工作缺乏成就感。而创业则完全可以摆脱原有的种种羁绊，充分施展自己的才华，发挥最大潜能，提高个人的价值。创业也能够使个人有足够的机会和潜力回馈社会，造福一方，具有极高的成就感。创业还使你能够做你喜欢的并从中获得乐趣，创业充满挑战和风险，同时，也充满迎接各种挑战的无穷乐趣。

2.打开“金钱枷锁”积累财富

“工薪阶层”工资再高，也是有限的，想改变一下自己的居住生活条件往往存在困难。而摆脱这些烦恼的最佳途径就是，开创一份完全属于自己的事业，它提供给创业者的利润是没有极限的，可任你想象。根据统计资料，在美国福布斯富人榜前400名富人中，有75%是第一代的创业者。

3.实现和满足“权力”意愿

对于上班族来说，不管是在工厂，还是在公司或机关，都有许多约束，而创业者可以自己主宰自己，把未来握在自己的手中，可以摆脱上班的约束，摆脱受人管理、指挥，行动受控的局面，使自己的人生价值得到更完美的体现。

4.享受过程，激励人生

在创业过程中，可以感受到无穷的变化、挑战和机遇，是一个令人兴奋的过程；在这个过程中，创业者可以不断积累经验，激励人生。

总之，创业是实现人生理想和价值、获得自身全面发展的有效途径。

二、创业环境不断优化

（一）法律、政策、社会环境持续改善

1.法律保障

1999年修改后的宪法明确规定：“国家保护个体经济、私营经济的合法权利和利益。”这就为私营经济的存在和发展从宪法上予以了保障；其他有关非公有制经济发展的法律也逐渐制定并付诸实施，私营经济发展的法律环境逐渐具备，随着法制建设的推进，私营经济发展的法律条件正在改善。

2.创业门槛不断降低

国家颁布的行政许可法实施以来，对私营经济在市场准入方面的限制大多将逐渐取消，更多的行业领域许可民营进入，一些经营手续办理程序得到简化，企业自主的经营范围更为宽泛和自由；新的公司法对有限责任公司注册资本的最低限额下调至3万元，且股东既可以用货币出资，也可以用实物、知识产权、土地使用权等非货币财产做价出资，公司的注册资本还可以在两年内分期缴足。

3.资本市场日趋健全和活跃

在融资方面，银行贷款、金融支持、融资担保、风险投资、产权交易等更多的业务不断推陈出新。为解决创业过程中融资难的问题，有关机构还启动了为创业者提供开业贷款担保和贴息的业务。外资对私营经济更加青睐。

4.创业载体和创业服务机构发展加快

创业载体，如各类企业孵化器、园区建设、社区建设、企业服务中心、指导机构等不断新增，风险投资机构、担保服务机构、信用评级机构、顾问咨询等服务机构得到发展，更有利于创业的启动与发展。

5.过时观念正在改变

经过20多年的改革开放，人们对私营经济的看法和态度已有根本的改变，创业光荣、致富光荣已成为共识，一种鼓励、宽容创新、创业的社会观念正在形成。

6.创业扶持政策不断增加

为了促进创业，国家和地方各级政府（如人力资源和社会保障、财政、金融、工商、税务等机构）纷纷出台了相关政策，给予创业者更多的支持。例如，人力资源和社会保障部已经在全国百家创业试点城市搭建创业平台，通过开展免费创业培训、强化创业指导、优化创业环境、培育创业文化、进行创业激励等途径进行重点扶持。

（二）社会经济科技发展为创业者提供了广阔的发展空间

迅速发展的时代不仅需要人们创业，呼唤着人们创业，而且，它也为创业者创造了前所未有的机遇，为创业者提供了一个前所未有的大舞台，为创业者提供了前所未有的优越条件。

1.知识经济为农业创业提供了巨大的创业舞台

知识经济时代最重大、最根本的变化，无疑是资金让位于知识，知识成为最宝贵的资源、最重要的资本。从而向一切富有知识与智慧者，提供了前所未有的机遇。例如，随着高科技的发展，大量的新兴行业不断涌现，这为受过良好教育并具有相当的专业知识的人才提供了无穷的机会，当代许多创业明星就是在农业技术和农业服务领域创业成功的；随着知识更新速度加快，“继续教育”成为人们的终身行为，从事文化教育、信息传播也成为一个大有前途的创业领域。

2.第三产业成为我国一个极具魅力的投资领域

从总体上看，我国第三产业仍比较落后，特别是一些新兴第三产业还远远不能跟上时代的步伐。随着我国加入WTO和市场经济的进一步发展，第三产业可以为创业者提供许多大显身手的舞台，而且，第三产业投资少、见效快，十分适合普通大众创业。

惠农政策、快速发展的农村经济为农业创业提供了更多的机遇，我们将在后面的课程中学习。

且不说“和平与发展是当今世界的主题”，我们所处的时代已经不是那个激情燃烧，时势造英雄的时代，但这个时代需要自己的英雄。孟子说：“生于忧患，死于安乐。”半个多世纪前确实存在忧患，可现在也不是完全的安乐。说得准确点，天下并未太平，可不少人在过太平盛世的生活。因此，这个时代，不会有半个多世纪前，甚至20世纪50年代时的轰轰烈烈，但也不会沉寂，就像平静的海面，下面有暗流涌动。因此，非忧患之中则无对生之渴求，非绝对安乐但隐藏亡之危险。这个时代就是我们所处的时代。

旧中国是半殖民地半封建社会。新中国成立后社会主义建设翻天覆地，改革开放以来，建设有中国特色社会主义；国家在发展中，许多方面已跑在世界前列，可回头一看，还有一些贫困群众。放眼望去，那些发达国家还在给我们筑起贸易壁垒，邻近的弹丸小国也经常制造些麻烦骚扰我们。究其原因，这都是因为我们不够发达、我们正在发展；我们不够富裕、我们正在走向富裕。这些都是时代呈现给我们的课题。同样，时代也选择了我们这一群人出生在中国这个特殊的环境中。于是，时代赋予我们不可推卸的使命，既神圣、又实在。我们必须使我们的国家繁荣富强；我们必须使我们的生活富足、“生活的有尊严”。

“征服世界的将是这样一些人：开始的时候，他们试图找到梦想中的乐园。当他们无法找到的时候，他们亲手创造了它。”

第三节　农业创业理念

【学习目的】

1.了解创业和农业创业的内涵、就业与创业的区别。

2.了解创业的类型、途径以及创业者的构成。

3.了解创业的意义。

【教学时数】90分钟

【教学方法】讲授法、讨论法、案例法

【案例】

“希望”的崛起

改革开放初期，刘永言、刘永行、刘永美、刘永好四兄弟以常人难有的勇气脱下“公服”，当起了专业户。他们从农村最常见的养殖业入手，通过生产积累和产业升级的转变，在饲料行业里打拼出一片天地。经过近20年的艰苦创业，从当初的四川新津县新良种场到今天的希望集团。他们已成为拥有近百家企业，年销售80多亿元的“中国饲料大王”，成为中国新兴企业发展的典型代表。特别是刘永好，在希望集团的迅速崛起中作出很大贡献。

其企业思维和创新精神受到好评，1993年他被选为全国政协委员，并出任中华全国工商业联合会副主席、中国饲料工业协会副会长。同年，他被美国《商业周刊》评选为“亚洲之星”，希望集团也获得中国企业协会授予的企业杰出管理奖。刘氏兄弟的创业奇迹赢得了社会的高度赞誉，让全国乃至全世界的企业家们都惊叹不已。

【点评】

刘氏兄弟创业的“希望”，不仅使他们个人拥有了巨大的财富，也为社会创造了巨大的财富。他们在创业的过程中不仅实现了自身价值，也赢得了他人的尊重，获得了较高的社会地位。

许多人都希望能改变生活状况、提高生活水平，希望能摆脱贫困、拥有更多的财富，希望能提高社会地位、实现人生价值等，这是一个创业者的物质和精神的欲望。因为想得到，而凭自己现在的身份、地位、财富得不到，所以要去创业，要靠创业改变身份、提高地位、积累财富，这构成了许多创业者的人生“三部曲”。

一个真正的创业者一定是个强烈的欲望者。上海吉盛伟邦的老板邹文龙，在谈到他当初创业的动力来源时，将之归纳为“三大差别”：一是城乡差别。邹文龙的女朋友是城市户口，而邹文龙却来自贫穷的农村。二是脑力劳动与体力劳动的差别。邹文龙的女朋友是一名大学生，而邹文龙只是在小杂货店出卖劳动力。三是健康上的差别。邹文龙因为身体不好，没考上大学。因此，邹文龙的岳父说：“像你这样一个身体不好的人以后怎么靠体力活儿吃饭，你又怎么能够养得活我的女儿?所以，你和我的女儿谈恋爱，坚决不成！”要想不放弃自己的女朋友，那就只有一条路，就是消灭“三大差别”。在这样的欲望驱动下，邹文龙开始了创业，并取得了成功。最终他如愿以偿，使女朋友变成了自己的老婆。

原美国总统林肯说过，有些事情一些人之所以不去做，只是因为他们认为不可能。其实，许多不可能只存在于人的想象之中。很多人一辈子最终碌碌无为，并不是没有机会，更不是缺乏能力，而是他们压根就没有去做，连尝试一下的勇气都没有，没有行动，当然就无法获得成功。创业需要动力，创业需要激情，创业需要行动。每个人都希望能够成就一番事业，能够掌握自己的命运，能够创造一份属于自己的辉煌，那不仅仅是一种荣耀，更重要的是看到用自己的心血浇灌而成的事业之树茁壮成长。那份充实而喜悦的感觉，对每个人而言都将是令人向往和陶醉的。如果你想真正拥有一份属于自己的事业，如果你想拥有更多的财富和更富裕的生活，如果你想获得更多的机会和更多的选择，那么，我们郑重地告诉你：去创业，亲自动手去开创一份属于自己的小天地，向着既定目标去努力奋斗，做一名勇敢的创业者吧！

一、什么是农业创业

1.创业与农业创业

创业，是指通过寻找和把握机遇，创造出新颖的产品或服务，并通过市场扩展成企业或产业，从而实现其经济价值和社会价值的过程。创业就是激励自己，开发自己最大的潜能。创业就是善于发现新领域，善于挖掘通往成功的无数潜在时机。创业就是创造新的就业岗位，创造新的成功机遇，创造新的富于挑战的人生。

农业创业是这样一种过程，是指某一个人或一组人，通过寻找和把握农业行业机遇，去创立、创设或创新农业事业和职业岗位，在农业行业领域内去创造价值和谋求发展，并通过自己的产品或服务来满足社会某些人群的愿望和需求；也是指人们在农业行业领域内进行投资，从事农业生产、加工、运输、服务等活动的过程。包括种植、养殖规模经营、进行设施农业生产、从事农业经济活动、组建农民经济合作社、创办农业企业等。

2.创业与就业的区别

就业，是指具有劳动能力的公民在法定的劳动年龄内，依法从事某种有报酬或劳动收入的社会职业。就业一般包括4层含义：

（1）劳动者具有劳动能力，包括劳动权利和劳动行为；

（2）达到法定年龄（我国法律规定必须年满16周岁）；

（3）所从事的劳动是有报酬或劳动收入的职业；

（4）这种劳动得到社会承认并且是合法的。

按照我国就业政策的规定，只要劳动者通过一定的途径，实现同生产资料相结合，从事一种合法的社会劳动，取得一定的报酬或劳动收入，就是就业。因此，无论是在国家机关、事业单位、国有企业、股份制企业、外资企业、私营企业谋求职业，还是自主创业、自谋职业，都应视为就业。

就业与创业紧密联系，不可分割。我们可以在就业过程中创业.也可以在创业过程中实现就业。但就业归根到底来说就是给他人打工，是做工，当“伙计”，而创业是给自己打工，是自己做老板。在行为方式上，就业是被动的，创业是主动的。

3.基本创业类型

创业类型的划分有多种标准。从性质看，有学业、事业、专业、家业、产业；从类别看，有各行各业、各种职业和岗位，正所谓“三百六十行”；从范围看，有个人小业、集体中业、国家和社会大业；从项目看，有高新技术型创业、传统技能型创业、知识服务型创业、体力服务型创业；从渠道看，有独立型创业、母体分离型创业、企业内创业；从动机看，有机会型创业和生存型创业。在这里介绍一下机会型创业和生存型创业这两种创业类型。

（1）机会型创业。机会型创业是指创业的动机在于个人抓住现有机会或即将出现的机会的强烈愿望，是一种个体的偏好，并将创业作为实现某种目标（如实现自我价值、追求理想等）的手段。

（2）生存型创业。生存型创业的动机在于别无更好的选择，如没有工作或对现有工作不满等，是一种被迫的选择，而不是个人的主观自愿。创业者必须依靠自己的创业为生存和发展谋求出路，改变现状是创业的动机。

二、创业的基本途径

创业是当今时代的热门话题，许多人都希望能够找到一种投资少、风险小、见效快、收益大的创业途径，有这样的想法是正常的，但创业不是投机，创业者在创业之前必须了解创业的艰辛并且明确创业的方向，然后再决定是否创业。在这里介绍3种创业途径。

1.逐步积累

许多创业者都曾有过打工的经历，从打工起步，先积累经验和资金，为自己未来创业做准备。这种创业模式，第一步要做好正确的选择，选择适合自己做的事。这里的“适合”有两层含义：一是要尽量选择自己比较喜欢的事做。一个人在人生和事业的起步阶段，一种美好愿望的驱动至关重要，选择适合自己的事来做就十分必要。二是要选择在打工地区有规模、有优势的行业或有发展潜力的行业做。而每一个地区的经济资源是不一样的。如果所选择的不是当地资源独特、有一定规模和发展潜力的行业做，这将会加大创业的难度，增加创业的风险。以这样的标准去选择打工的单位，往往比单纯看工资高不高、条件好不好更重要；第二步要有目的地去学习和积累，学习你所在单位的产品知识、经营知识、管理知识，不能简单地学习你所从事的岗位知识。在实践中摔打磨炼，才能学到真本领；第三步是充分利用好你现有的资源。你现在所积累的经验和结识的人员等都将是你今后无形的财富。条件充分成熟后，你就可以去独立或合作开创自己的产业了。

2.寻求支持

有一个关于个人财富的统计，那就是你所拥有的财富一般来说是你身边朋友所有财富的平均值。因此，在你产生个人创业打算后，找出一个成功的人结交，有目的、有准备地用心去学习成功者如何做事和如何思考尤为重要。要用心智去感悟成功的人是如何实现成功的，因为成功是有方法和途径的。成功的方法之一，就是重叠成功人的脚印，当然绝不是简单的复制。捆绑创业是寻求支持式创业的另一种创业模式。如加盟连锁、加入农民合作社、参加农业协会等，可以省去创立品牌阶段的艰辛；寻求集体的支持，可以降低创业的风险。

3.白手起家

这种模式能满足自己当老板的渴望。在实际创业过程中，对创业者的要求最高，它要求创业者掌握与创业相关的技术技能，了解市场需求，具有项目选择的能力，具有与人交往的能力，有面对挫折和失败的勇气等。这种创业模式，选择项目十分重要。而且白手起家式的创业模式，可以实践创业者个人的创业计划，实现个人的创业目标。当成功来临时，会备有成就感。

三、创业与年龄、学历的关联

我国现行创业者的构成情况。

我国开展创业活动的人群主要集中在35岁以下的年轻人中，其中年龄在25～34岁的年轻人居多；男性比女性更多地参与创业活动，绝大多数创业者有过就业的经历。

根据调查显示，在初次创业者和创业成功者中，高中及其以下学历的比例分别为85.69%和89.98%，而大学生创业者的比例分别为3.69%和3.81%，研究生创业者的比例分别为10.62%和6.21%。由此可以看出，现行创业者的学历以高中及以下学历为主（从事农业创业的以初中和高中学历为主），高中及以下学历的创业者人数远远高于受过更高教育的创业者人数，是大学学历创业者人数的23倍多。相对而言，研究生学历的创业者人数要高于大学学历的人数，但仍远远低于高中及以下学历的人数，是大学学历创业者的3倍，与高中及以下学历创业者的比例是1∶8。

从以上数据可以看出，创业以及创业能否成功，与教育程度以及学历高低没有直接关系，也没有必然联系，他们的区别更多的应该是有没有创业的意识、创业的胆识、创业的欲望、创业的激情和创业的冲动等。从另一个角度来看，受教育程度高者通常掌握较高的专业技术技能，选择的创业项目技术含量高，导致创业人数偏少。低学历者与高学历者在人群基数比例上也存在着多寡的差异，这也是高中及以下学历创业人数较多的原因之一。同时，不同学历层次的人群所面临的就业机会、生存压力、社会认同也有差异，这也是影响不同群体的人是否能够产生创业冲动和创业欲望的原因。

四、创业的意义

创业有什么意义？为什么创业？

失业人员说：工作不好找，即使找到了，工资也太低。我想改善家庭的生活。

农民说：我忙活了一顿，钱都让小商贩赚去了。我要让孩子上大学，让爹娘多享福。

大学毕业生说：找不到专业对口的工作岗位。我干脆建立一个公司，自己当自己的老板。

有人说：创业是一种生活态度，在有所创造的同时，也可以享受生活带来的欢乐。

有的人为了不听命于他人，更好地掌握自己的命运而创业。

还有的人希望通过自己出色的工作而赢得尊重、威望和利润，进而感受创造以及为他人和社会做贡献带来的快乐。

总的看来，随着我国改革开放和经济建设的快速发展，经济结构的大幅调整和产业的迅速升级，特别是农业产业结构的调整和国家多种惠农政策的实施，带来了巨大的市场潜力和市场空间。国家大力提倡、鼓励、扶持农民创业、失业人员创业、大学生创业等，并为他们的创业提供了许多的优惠条件。这一切都为有志创业的人们提供了前所未有的机遇。每个人完全可以根据自己的优势和特长，选择适合自己的创业之路。对人们进行创业教育，培养创业意识，激发创业欲望，提高创业能力，这些无论对个人还是对社会都有重要的作用和意义。

1.励志照亮人生，创业改变命运

中央电视台有一个栏目叫《赢在中国》，这个节目的主题是：励志照亮人生，创业改变命运。

一个叫丁磊的人，不过是众多电脑程序员中的一员，他却从一个网站做起，最终率领他的公司成为中国在美国纳斯达克上的第一股。

一个叫黄鸣的人，不过是一个石油企业的研究人员，只身从福建来到北京创业，他却成就了一个产业，他的太阳能产品成为中国第一品牌，被称为“世界太阳王”。

一个叫江南春的人，原本是无数广告企业中的一个从业者，他的液晶显示屏却席卷了中国100多个城市，成为广告大亨。

知识也许是改变命运的条件之一，但不是唯一条件。沿着许多成功者的足迹勘察，可以看到成就梦想的路径中，知识可能是斩断路途中荆棘的刀，但前行的脚步，更多的是行者人性的光辉。

也许成功同样需要梦想，需要坚持，需要去承担风险，需要在课堂上无法真正学到的那些东西。也许这些才能让我们羽翼丰满，让我们飞出藩篱。

于是，《赢在中国》逐渐清晰了一个方向：成功从励志开始，这是破解成功密码的第一组链条。

我们当然需要知识，知识告诉我们怎么做，我们可以依据前人的路径把事情做对，由此，拥有渊博知识的博士们大部分成为职业经理人。这对很多人来说，是一条可以期待的坦途：读书、读书、再读书。有一天，可以受聘一家大企业，甚至拿到百万年薪。

《赢在中国》要寻找的不是把“事情做对”的人，而是做“对的事情”的人，这就是创业，创造自己的事业。在这条道路上，你需要独自判断、承担风险，你需要忍受孤独、经受挫折，你只有坚持、无法懈怠。

创业，一个属于当代人的词汇，这是很多人的想法。赚钱其实并不难，只要去做，就会有收获。比别人多努力，一定会比别人有更多的成功机会。

2.充分发挥潜能，实现人生价值

人的潜在能量往往是连自己也无法估量的，千钧一发之际，往往能轻易解决以往认为不可能解决的事情。人的潜能只有在实践中才能被发现。改革开放以来，党的富民政策创造了良好的外部环境，无数握惯了锄把的农民走上了创业之路，个体户、专业户、农民企业家等一个个新名词不断出现，创业使他们的潜能得到尽情地释放和充分地发挥。

谋求生存至自我价值的实现，可能是创业最主要的原动力。人，除了物质需求之外，还有更为重要的精神需求，例如，需要社会的认可和赞许，需要人们的尊重和友谊，需要充分体现人生的价值等。无数的创业成功者，他们的奋斗宗旨，是为了实现自己的人生价值。只有为充分体现人生价值而创业，才能大有作为，才能永无止境。

3.促进经济发展，推动社会和谐

创业是美国经济增长的秘密武器。美国95%的财富是由创业的一代在1980年以后创造的。我国的中小型企业工业总产值和实现利税也分别占全国的60%和40%。中小企业是保持国民经济快速增长的重要力量，在进出口贸易、抵御经济波动、保持市场活力、技术创新等方面发挥积极作用。

鼓励和扶持各种类型的人自主创办各类经济实体，既能实现自我就业，又能为社会提供就业岗位，特别是在农业产业领域里创业，对就地转化农村剩余劳动力、帮助农民增收致富、建设社会主义新农村、推动城乡和谐发展等方面具有重要的作用，而且有利于进一步营造全社会尊重创业、支持创业、积极创业的良好氛围，对促进城乡经济共同快速发展，加快小康社会建设步伐，缩短城乡差别，实现共同富裕，具有重要的现实意义和深远的历史意义。

新的时代为我们提供了新的机遇，新的机遇为我们开辟了广阔的前景，新时期的创业精神为我们指明了前进的道路。如何去创业，怎样才能成功创业，在这里，只提供了一个路标，提供了一把钥匙，希望利用打开新生活的大门，迈向创业的征程。让我们：勇立潮头搏风雨，矢志创业展宏图。

第四节 农业创业扶持政策

【学习目的】

了解和把握农业创业的政策机遇。

【教学时数】50分钟

【教学方法】讲授法、讨论法

农业是安天下、稳民心的战略产业，农村是全面建设小康社会的重点和难点。在加快推进社会主义现代化进程中，从战略和全局的高度重视“三农”问题，在工作部署中真正落实重中之重的基本要求，任何时候都不能动摇。必须把稳定发展粮食生产放在“三农”工作的突出位置，任何时候都不能放松。2004——2011年，中央连续8个“一号文件”都锁定在“三农”问题，按照“坚持以人为本，加强农业基础，增加农民收入，保护农民利益，促进农村和谐”的目标和取向。其特点是重点突出，导向明确，操作性强，受益面大。农业创业者正面临前所未有的政策机遇。农业政策是农业创业者必须了解、掌握和利用的。

一、“中央一号”文件的重大指导意义

“三农”问题在中国的改革开放初期曾是“重中之重”，中共中央在1982-1986年连续5年发布以农业、农村和农民为主题的中央“一号文件”，对农村改革和农业发展作出具体部署。这5个“一号文件”，在中国农村改革史上成为专有名词——“五个一号文件”。时隔18年，中共中央总书记胡锦涛于2003年12月30日签署《中共中央、国务院关于促进农民增加收入若干政策的意见》。中央一号文件再次回归农业。2005年1月30日，《中共中央、国务院关于进一步加强农村工作提高农业综合生产能力若干政策的意见》，即第7个一号文件公布。2006年2月21日，新华社授权全文公布了以“建设社会主义新农村”为主题的2006年中央“一号文件”。2007年1月29日，《中共中央、国务院关于积极发展现代农业扎实推进社会主义新农村建设的若干意见》下发。2008年1月30日，《中共中央、国务院关于切实加强农业基础建设进一步促进农业发展农民增收的若干意见》下发。2009年2月1日，《中共中央、国务院关于2009年促进农业稳定发展农民持续增收的若干意见》公布，2010年2月1日，《中共中央、国务院关于加大统筹城乡发展力度进一步夯实农业农村发展基础的若干意见》下发。2011年1月29日，《中共中央、国务院关于加快水利改革发展的决定》下发。至此，中央在21世纪已出台了8个关注“三农”工作的中央“一号文件”。

1.突破僵化体制

1982年1月1日，中共中央发出第一个关于“三农”问题的“一号文件”，对具有划时代意义的农村改革进行了总结，并对当年和此后一个时期农村改革和农业发展作出了具体部署。文件突破了传统的“三级所有、队为基础”的体制，明确指出包产到户、包干到户或大包干“都是社会主义生产责任制”。

2.联产承包制是伟大创造

1983年1月，第二个中央“一号文件”《当前农村经济政策的若干问题》正式颁布。这个文件从理论上说明了家庭联产承包责任制“是在党的领导下中国农民的伟大创造，是马克思主义农业合作化理论在我国实践中的新发展”。文件提出，稳定和完善农业生产责任制，是当前的农村工作的主要任务；森林过伐、耕地减少、人口膨胀，是我国农村的三大隐患。解决上述

3个问题，必须强调党员、干部带头，模范地执行政策，杜绝不正之风。要按照我国国情，逐步实现农业的经济结构改革、体制改革和技术改革，走出一条具有中国特色的社会主义农业发展道路。

3.承包土地15年不变

1984年1月1日，中共中央发出《关于一九八四年农村工作的通知》，即第三个“一号文件”。强调要继续稳定和完善联产承包责任制，延长土地承包期。为鼓励农民增加对土地的投资，规定土地承包期一般应在15年以上，生产周期长的和开发性的项目，承包期应当更长一些。文件明确了农村进行商品生产的重要性，提出只有发展商品生产，才能进一步促进社会分工，把生产力提高到一个新的水平，才能使农村繁荣富裕起来，才能使我们的干部学会利用商品货币关系，利用价值规律，为计划经济服务，才能加速实现我国社会主义农业的现代化。继续坚持计划经济为主、市场调节为辅的原则。

4.扩大市场调节力度

1985年1月，中共中央、国务院发出《关于进一步活跃农村经济的十项政策》，即第四个“一号文件”。取消了30年来农副产品统购派购的制度，对粮、棉等少数重要产品采取国家计划合同收购的新政策。家庭联产承包责任制进一步系统化，同时，从农产品统派购制度、产业结构调整、交通、支持乡镇企业、鼓励人才流动、放活金融政策、加强小城镇建设等10个方面活跃农村经济。文件还提出扩大市场调节，使农业生产适应市场的需求，促进农村产业结构的合理化，进一步把农村经济搞活。国家还将农业税由实物税改为现金税。

5.农业是国民经济基础

1986年1月1日，中共中央、国务院下发了《关于一九八六年农村工作的部署》，即第五个“一号文件”。肯定了农村改革的方针政策是正确的，必须继续贯彻执行。文件进一步摆正了农业在国民经济中的地位，在肯定原有的一靠政策、二靠科学的同时，强调增加投入，进一步深化农村改革。同时，明确提出个体经济是社会主义经济的必要补充，允许其存在和发展。文件指出：农业的物质技术基础还十分脆弱，一部分地区农民种粮的兴趣有下降的迹象，在农村经济新旧体制交替过程中出现了不协调现象，城乡改革汇合后各方面利益关系的调节更加复杂。要认识到，发展国民经济以农业为基础，不但反映经济规律，也反映着自然规律，必须坚定不移地把它作为一个长期的战略方针。

6.千方百计促进农民增收

2004年2月8日，针对近年来全国农民人均纯收入连续增长缓慢的情况，中共中央、国务院出台《关于促进农民增加收入若干政策的意见》，成为改革开放以来中央的第六个“一号文件”，也是时隔18年后中央再次把农业和农村问题作为中央“一号文件”的主题。文件要求，要调整农业结构，扩大农民就业，加快科技进步，深化农村改革，增加农业投入，强化对农业支持保护，力争实现农民收入较快增长，尽快扭转城乡居民收入差距不断扩大的趋势。

7.提高农业综合生产能力

2005年1月30日，中共中央、国务院出台《关于进一步加强农村工作提高农业综合生产能力若干政策的意见》，即改革开放以来中央第七个“一号文件”。文件要求，要稳定、完善和强化各项支农政策，切实加强农业综合生产能力建设，继续调整农业和农村经济结构，进一步深化农村改革，努力实现粮食稳定增产、农民持续增收，促进农村经济社会全面发展。

8.建设社会主义新农村

2006年2月21日，中共中央、国务院出台《关于推进社会主义新农村建设的若干意见》，即改革开放以来中央第八个“一号文件”。文件要求，要完善强化支农政策，建设现代农业，稳定发展粮食生产，积极调整农业结构，加强基础设施建设，加强农村民主政治建设和精神文明建设，加快社会事业发展，推进农村综合改革，促进农民持续增收，确保社会主义新农村建设有良好开局。

9.发展现代农业是建设新农村的首要任务

2007年1月29日，中共中央、国务院出台《关于积极发展现代农业扎实推进社会主义新农村建设的若干意见》，即改革开放以来中央第九个“一号文件”。文件要求，发展现代农业是社会主义新农村建设的首要任务，要用现代物质条件装备农业，用现代科学技术改造农业，用现代产业体系提升农业，用现代经营形式推进农业，用现代发展理念引领农业，用培养新型农民发展农业，提高农业水利化、机械化和信息化水平，提高土地产出率、资源利用率和农业劳动生产率，提高农业素质、效益和竞争力。

10.进一步夯实农业基础

2008年1月30日，中共中央、国务院出台《关于切实加强农业基础建设进一步促进农业发展农民增收的若干意见》。即改革开放以来中央第十个“一号文件”。文件强调，按照统筹城乡发展要求切实加大“三农”投入力度，巩固、完善、强化强农惠农政策，形成农业增效、农民增收良性互动格局，探索建立促进城乡一体化发展的体制机制，并制定一系列政策措施。文件以切实加强农业基础建设，进一步促进农业发展农民增收为主题，切中了当前农业农村发展的要害，抓住了实现经济社会又好又快发展的基础问题，是党中央从经济社会发展全局出发，从农村发展迫切需要出发，对“三农”工作作出的重大部署。

11.把保持农业农村经济平稳较快发展作为首要任务

2009年2月1日，中共中央、国务院出台《关于促进农业稳定发展农民持续增收的若干意见》。这是改革开放以来第十一个以“三农”为主题的中央“一号文件”。《意见》指出，必须切实增强危机意识，充分估计困难，紧紧抓住机遇，果断采取措施，坚决防止粮食生产滑坡，坚决防止农民收入徘徊，确保农业稳定发展，确保农村社会安定。“一号文件”为经济社会又好又快发展继续提供有力保障。充分用好重农强农的政策武器，稳定粮食生产，保障有效供给，我国加大支持农民种粮力度，全力解决农民工就业。

12.加大统筹城乡发展力度，进一步夯实农业农村发展基础

2010年2月1日，中共中央、国务院出台《关于加大统筹城乡发展力度，进一步夯实农业农村发展基础的若干意见》。这是改革开放以来第十二个以“三农”为主题的中央“一号文件”。《意见》指出，当前，我国农业的开放度不断提高，城乡经济的关联度显著增强，气候变化对农业生产的影响日益加大，农业农村发展的有利条件和积极因素在积累增多，各种传统和非传统的挑战也在叠加凸显。面对复杂多变的发展环境，促进农业生产上新台阶的制约越来越多，保持农民收入较快增长的难度越来越大，转变农业发展方式的要求越来越高，破除城乡二元结构的任务越来越重。2010年中央“一号文件”公布，强力推动资源要面向农村配置，2010年“一号文件”有重大现实意义和长远战略意义。

2010年中央“一号文件”对“三农”工作提出了非常明确的指导意见，一共27条，直接与农业发展和农业部门工作相关的就有15条，可以归纳为以下7个方面：

一是在农业补贴方面，有“三个扩大”。即扩大良种补贴品种；扩大农机补贴资金规模；扩大补贴政策受益范围。

二是在现代农业方面，有“三个重点”。即把农田水利作为农业基础设施建设的重点；把良种培育作为农业科技创新的重点；把主产区作为粮食生产政策支持的重点。

三是国家投入方面，有“三个优先”。即财政支出优先支持农业农村发展；预算内固定资产优先投向农业基础设施和农村民生工程；土地出让收益优先用于农业土地开发和农村基础设施建设。

四是在金融支持方面，有“三项措施”。即大力开展农业开发和农村基础设施建设中长期政策性信贷业务；加快培育村镇银行、贷款公司、农村资金互助社；在年内消除基础金融服务乡镇的空白。

五是在推动城镇化方面，有“三个突破”。即促进符合条件的农业转移人口在城镇落户并享受当地居民同等权益；鼓励有条件的城市将农民工逐步纳入城镇住房保障体系；实行有利于小城镇发展的土地和财税等政策。

六是在统筹城乡发展方面，有“四个牢牢把握”。即牢牢把握加强“三农”这个根本立足点；牢牢把握推动资源要面向农村配置这个重要着力点；牢牢把握城镇化与农村建设协调推进这个战略着眼点；牢牢把握城乡改革联动这个关键切入点。

七是在夯实农业基础方面，有“六个坚持不断”。坚持不断地完善强农惠农政策，加强农业支持保护，持续调动和保护农民生产积极性；坚持不断地增加农业农村投入，推动重大工程项目建设，提高农业抗御自然灾害的能力；坚持不断地加快推进农业科技进步，健全农业社会化服务体系，促进农业发展方式转变；坚持不断地推进农业结构战略性调整，完善现代农业产业体系，提高农业发展质量和效益；坚持不断地加强农民培训，推进农业农村人才队伍建设，强化农业人才支撑；坚持不断地深化农村发展，推动有利于农业农村发展的制度创新，强化农业发展体制机制保障。

13.加快水利改革发展

2011年1月29日，中共中央、国务院出台《关于加快水利改革发展的决定》。这是改革开放以来第十三个以“三农”为主题的中央“一号文件”，也是新中国成立62年来中共中央首次系统部署水利改革发展全面工作的决定。文件出台了一系列针对性强、覆盖面广、含金量高的新政策、新举措。文件强调，把水利作为国家基础设施建设的优先领域，把农田水利作为农村基础设施建设的重点任务，把严格水资源管理作为加快转变经济发展方式的战略举措，大力发展民生水利，努力走出一条中国特色的水利现代化道路。

二、优惠的农业补贴政策

近年来，我国实施了“四减免”、“四补贴”等支农惠农政策，先后在全国范围内取消了农业特产税、牧业税、农业税和屠宰税，切实减轻了农民负担。利用好农业政策平台是农业创业者必走的“捷径”，国家出台的多项惠农政策主要包括：

1.粮食直补政策

农民种植粮食作物直接补贴，按耕地面积直接由中央财政从粮食风险基金中拿钱补贴给农民，根据地方人口平分到单位面积。目前，粮食直补每种植小麦1公顷为150元。每种植早稻1公顷为130元（中稻和晚稻为225元）。各地方可以根据基础数据上调。对代耕代种种植的农户，地方政府按面积再实行奖励。

2.农作物良种推广补贴政策

这是中央财政为加快我国农作物良种推广。促进农作物播种区域化种植，提高农产品品质而设立的专项资金。中央财政对高油大豆、优质专用小麦、专用玉米和水稻种植按不同标准给予补贴。补贴标准按照被国家列入推广示范区的高油大豆、专用玉米种植面积，中央财政每公顷补贴150元。计税耕地种植的水稻，中央财政给予每公顷150元补贴。农作物良种补贴资金运行管理实行省级列支、专户直拨。与此同时，财政部会同农业部等部门对小麦良种补贴政策和方式进行认真研究，要求在扩大补贴范围的同时，加大小麦良种补贴工作的示范带动效果。

3.大型农机具购置补贴政策

按农业部的《农业机械购置补贴专项资金使用管理暂行办法》（[2005]11号）的规定：农民、农场职工、农机服务组织、农村合作组织、农业园区业主（以下统称“购机者”）购置补贴机具目录中的农业机械，从事农业生产，都可享受专项资金补贴。目录所列耕整机，以市场经销价为计算基数补贴30%；拖拉机，以市场经销价格加选配件价格为计算基数补贴20%；植保机械，以市场经销价为计算基数补贴10%；割晒机，以市场经销价为计算基数补贴40%；其他类机械，以市场经销价为计算基数补贴20%。地方财政根据情况预拨补贴资金到各区县财政部门，各区县可结合当地实际在“全额购机，购后补贴”和“差价购机，当场兑现”两种方式中任选一种。但无论哪种方式都必须保证购机者能够及时、足额地享受到补贴。

4.农资综合直补政策

农资综合直补政策是指在现行粮食直补制度基础上，对种粮农民因柴油、化肥、农药等农业生产资料增支而实行的综合性直接补贴政策。补贴资金全部由中央财政负担，一次性拨付给地方并重点向粮食主产区和产粮大县倾斜，年内不再随后期农业生产资料实际价格变动而调整。

5.能繁母猪补贴政策

为丰富市民“菜篮子”，缓解猪肉供给偏紧的矛盾，保障猪肉等主要副食品市场的平稳供应，每头母猪可获50元补贴。养殖户每养殖一头能繁母猪，就可得政府补助50元，其中，中央财政负责30元，省级财政和市县财政负责20元。

三、放心的农业保险政策

政策性农业保险是由政府主导、组织和推动，由财政给予保费补贴或政策扶持，按商业保险规则运作，以支农、惠农和保障“三农”为目的的一种农业保险。政策性农业保险的标的划分为：种植面积广、关系国计民生、对农业和农村经济社会发展有重要意义的农作物，包括水稻、小麦、油菜。为促进生猪产业稳定发展，对有繁殖能力的母猪也建立了重大病害、自然灾害、意外事故等商业保险，财政给予一定比例的保费补贴。政策性农业保险险种主要包括：

1.农作物保险

发生较为频繁和易造成较大损失的灾害风险，如水灾、风灾、雹灾、旱灾、冻灾、雨灾等自然灾害以及流行性、暴发型病虫害和动植物疫情等。对于水稻、小麦、油菜等主要参保品种，各级财政保费补贴60％，农户缴纳40％。

2.能繁育母猪保险

政府为了解决饲养户的后顾之忧，提高饲养户的养猪积极性，平抑目前市场的猪肉价格，进一步降低养殖能繁母猪的风险，政府对能繁母猪实行政策性保险制度，出台了“母猪保险”。能繁母猪保险责任为重大病害、自然灾害和意外事故所引起的能繁母猪直接死亡。因人为管理不善、故意和过失行为以及违反防疫规定或发病后不及时治疗所造成的能繁母猪死亡，不享受保额赔付。能繁母猪保险保费由财政补贴80％，饲养者承担20％，即每头能繁母猪保额赔偿金额1 000元，保费60元，其中，各级财政补贴48元，饲养者承担12元。

3.农业创业者参加政策性农业保险的好处

一是可以享受国家财政的保险费补贴；二是发生保险责任内的自然灾害或意外事故，能够迅速得到补偿，可以尽快恢复再生产；三是可以优先享受到小额信贷支持；四是能够从政府有关方面得到防灾防损指导和丰产、丰收信息。

四、透明的农业专项资金扶持政策

为加快发展高效外向农业，提高农业产业化水平，促进农业增效、农民增收，鼓励和吸引多元化资本投资开发农业，鼓励投资者兴办农业龙头企业，鼓励科研、教学、推广单位到项目县基地实施重大技术推广项目。国家或有关部门对这些项目下拨专门指定用途或特殊用途的专项资金予以补助。这些专项资金都会要求进行单独核算，专款专用，不能挪作他用。补助的专项资金视项目承担的主体情况，分别采取直接补贴、定额补助、贷款贴息以及奖励等多种扶持方式。

1.专项资金补助类型

高效设施农业专项资金。重点补助新建、扩建高效农产品规模基地设施建设。农业产业化龙头企业发展专项资金，重点补助农业产业化龙头企业及产业化扶贫龙头企业，对于扩大基地规模、实施技术改造、提高加工能力和水平给予适当奖励。

外向型农业专项资金。重点补助新建、扩建出口农产品基地建设及出口农产品品牌培育。农业三项工程资金，包括农产品流通、农产品品牌和农业产业化工程的扶持资金，重点是基因库建设。

农产品质量建设资金。重点补助新认定的无公害农产品产地、全程质量控制项目及无公害农产品、绿色、有机食品获证奖励。

农民专业合作组织发展资金。重点补助“四有”农民专业合作经济组织，即依据有关规定注册，具有符合“民办、民管、民享”原则的农民合作组织章程；有比较规范的财务管理制度，符合民主管理决策等规范要求；有比较健全的服务网络，能有效地为合作组织成员提供农业专业服务；合作组织成员原则上不少于100户，同时，具有一定产业基础。鼓励农民合作组织扩大生产规模、提高农产品初加工能力等。

海洋渔业开发资金。重点补助特色高效海洋渔业开发。

丘陵山区农业开发资金。重点补助丘陵地区农业结构调整和基础设施建设。

2.补助对象、政策及标准

按照“谁投资、谁建设、谁服务，财政资金就补助谁”的原则。江苏省省级高效外向农业项目资金的补助对象主要为：种养业大户、农业产业化重点龙头企业、农产品加工流通企业、农产品出口企业、农民专业合作经济组织和农产品行业协会等市场主体以及农业科研、教学和推广单位。

为了推动养猪业的规模化产业化发展，中央财政对于养殖大户实施投资专项补助政策。

年出栏300～499头的养殖场，中央补助投资10万元。

年出栏500～999头的养殖场，中央补助投资25万元。

年出栏10 000～19 999头的养殖场，中央补助投资50万元。

年出栏20 000～29 999头的养殖场，中央补助投资70万元。

年出栏30 000头以上的养殖场，中央补助投资80万元。

为加快转变畜禽养殖方式，还对规模养殖实行“以奖代补”，落实规模养殖用地政策，继续实行对畜禽养殖业的各项补贴政策。

五、税收优惠政策

对于独立的农村生产经营组织，可以享受国家现有的支持农业发展的税收优惠政策。《中华人民共和国农民专业合作社法》第五十二条规定，农民专业合作社享受国家规定的对农业生产、加工、流通、服务和其他涉农经济活动相应的税收优惠。支持农民专业合作社发展的其他税收优惠政策，由国务院规定。

2008年3月5日，温家宝总理在第十一次全国人民代表大会上指出：“全部取消了农业税、牧业税和特产税，每年减轻农民负担1 335亿元。同时，建立农业补贴制度，对农民实行粮食直补、良种补贴、农机具购置补贴和农业生产资料综合补贴，对产粮大县和财政困难县乡实行奖励补助。”

这些措施，极大地调动了农民积极性，有力地推动了社会主义新农村建设，农村发生了历史性变化，亿万农民由衷地感到高兴。农业的发展，为整个经济社会的稳定和发展发挥了重要作用。

六、其他优惠政策

为进一步推动农业产业化的发展，促进农业生产要素“回流”，切实保障以上农业政策更好地贯彻实施，农业部联合工商、金融、交通等管理部门出台了一系列配套措施和鼓励政策。

1.财政贴息政策

财政贴息是政府提供的一种较为隐蔽的补贴形式，即政府代企业支付部分或全部贷款利息，其实质是向企业成本价格提供补贴。财政贴息是政府为支持特定领域或区域发展,根据国家宏观经济形势和政策目标，对承贷企业的银行贷款利息给予的补贴。政府将加快农村信用担保体系建设，以财政贴息政策等相关方式，解决种养业“贷款难”问题。为鼓励项目建设。政府在财政资金安排方面给予倾斜和大力扶持。农业财政贴息主要有两种方式：一是财政将贴息资金直接拨付给受益农业企业；二是财政将贴息资金拨付给贷款银行，由贷款银行以政策性优惠利率向农业企业提供贷款。为实施农业产业化提升行动，对于成长性好、带动力强的龙头企业给予财政贴息，支持龙头企业跨区域经营，促进优势产业集群发展。中央和地方财政增加农业产业化专项资金，支持龙头企业开展技术研发、节能减排和基地建设等。同时，探索采取建立担保基金、担保公司等方式，解决龙头企业融资难问题。此外，为配合各种补贴政策的实施，各省、市同时出台了较多的惠农政策。

2.土地流转资金扶持政策

为加快构建强化农业基础的长效机制，引导农业生产要素资源合理配置，推动国民收入分配切实向“三农”倾斜，鼓励和引导农村土地承包经营权集中连片流转，促进土地适度规模经营，增加农民收入，中央财政设立安排专项资金扶持农村土地流转，用于扶持具有一定规模的、合法有序的农村土地流转，以探索土地流转的有效机制，积极发展农业适度规模经营。例如，江苏省2008年安排专项资金2 000万元，对具有稳定的土地流转关系，流转期限在3年以上，单宗土地流转面积在66.67公顷以上（土地股份合作社人均面积20公顷以上）的新增土地流转项目，江苏省财政按每公顷1 500元的标准对土地流出方（农户）给予一次性奖励。

3.小额贷款政策

为促进农业发展，帮助农民致富，金融部门把扶持“高产、优质、高效”农业、帮助农民增收项目作为重点，加大小额贷款支农力度。明确要求基层信用社必须把65%的新增贷款用于支持农业生产，支持面不低于农村总户数的25%，还对涉及小额信贷的致富项目，在原有贷款利率的基础上，下浮30%的贷款利率。

4.绿色食品保障制度

为推行农业标准化生产，深入实施无公害农产品行动计划，各地质检部门建立农产品质量安全风险评估机制，健全农产品标识和可追溯制度。强化农业投入产品监管，启动实施“放心农资下乡进村”示范工程。工商部门积极配合发展“绿色食品”和“有机食品”工程，积极培育和保护名牌农产品，加强农产品地理标志保护和监管力度。各级工商行政管理机关开展了“2008红盾护农”行动，突出重点季节，结合春耕、夏播和秋种等重要农时，扎实组织开展“红盾护农保春耕、保夏播、保秋种”3次专项执法行动。严厉打击制售假冒伪劣农资坑农害农行为，努力营造公平竞争、规范有序的市场环境。继续强化“菜篮子”市长负责制，确保“菜篮子”产品的生产稳定发展。

第五节　成功创业者的基本素质与要求

【学习目的】

1.了解成功的创业者需要具备的基本素质。

2.掌握创业成功的奥秘。

【教学时数】3学时

【案例1】

坚持才能成功

一些成功者从谋生到创业的历程，都是充满了艰辛和坎坷，甚至到了山穷水尽的地步。中国著名私营企业家、深圳政华集团总裁吴志剑，1985年2月开始创业开办鸡场，一场鸡瘟，2 000只鸡一夜之间全部死光，所有投资化为乌有；办水泥预制厂，产品质量差销不出去，只好关门；办文化俱乐部，被流氓砸垮；又办电子管厂、食品加工厂，都相继失败。就在山穷水尽时，他毅然决定去闯深圳，带了8个弟兄和大家凑的800元钱，白天找活干，晚上睡公厕，硬是咬牙坚持下来。经过10多年的艰苦奋斗，目前，政华集团成为集高科技产业、商业、金融、贸易、房地产、交通、轻工、食品等为一体的大型企业集团，有15万名员工，28亿元资产，年产值10亿元。

【点评】无数成功者从失败走向成功的道路告诉我们，谋生与创业非常艰难，充满各种危机和困难，如果没有坚强的意志、良好的心理素质，只能在困难面前束手无策，接受失败，从此消沉下去。

自己创业当老板，比做一般的雇员要承受更大的压力。对于工薪阶层的职员来说，公司垮了可以另谋职位，而对于经营者来说，稍有不慎，整个事业就有可能毁于一旦。在人生旅途上，总是充满各种艰难和挫折，有的挫折是由于自己不慎造成的，有的则是不可避免的或意想不到的。有的人在失败和挫折中沉沦下去，而有的人却在失败和挫折中奋发起来，其中缘由就在于各人基本素质的差别。做生意也是如此。在经济成长时期生意比较好做，似乎哪一行都有钱赚，而在经济衰退时期许多企业就会陷入困境。

一项决策的失误或计划不周密而导致经营失败，也是常有的事。人在得意时，往往呼风唤雨、事事顺手，当处于困境时则事事为难。银行不愿贷款，卖主不敢批货，买主不愿购货，雇员离心离德、各有打算，更有那些落井下石的人趁火打劫。身处逆境中，要么咬紧牙关，勇往直前，要么一路败下阵来，前功尽弃。怕失败是人性之弱点，失败之后那种挫折感能彻底摧毁一个人的自信心，有些人会因此一蹶不振。但人生没有永远的失败，也没有战胜不了的困难，办法总比困难多。一个人只要有信心、勇气和不屈不挠的精神，以积极的态度去迎接挑战，就能渡过难关，最后取得成功。

一、成功创业者需要具备哪些基本素质

创业是极具挑战性的社会活动，是对创业者自身的智慧、能力、气魄、胆识的全方位考验。一个人要想获得创业的成功，必须具备基本的创业素质。创业基本素质包括创业意识、创业精神、创业品质和创业能力。

1.要有强烈的创业意识——想创业

创业意识包括创业的需要、动机、兴趣、理想、信念和世界观等要素。创业意识集中表现了创业素质中的社会性质。支配着创业者对创业活动的态度和行为。并规定着态度和行为的方向、力度。具有较强的选择性和能动性，是创业素质的重要组成部分，是人们从事创业活动的强大内驱动力。要想取得创业的成功，创业者必须具备自我实现、追求成功的强烈的创业意识。强烈的创业意识能帮助创业者克服创业道路上的各种艰难险阻，将创业目标作为自己的人生奋斗目标。创业的成功是思想上长期准备的结果，事业的成功总是属于有思想准备的人，也属于有创业意识的人。

2.要有坚定的创业精神——敢创业

再充分的创业准备都是不完善的，再周密的创业计划书也难免有没有顾及的方面，再团结的创业伙伴也会发生摩擦，再厚实的资金也有周转不灵的时候。这些都说明在瞬息万变的创业环境中，能影响我们创业的不定因素太多了，谁都无法保障在下一个路口我们能选对方向，所以，在创业过程中会遇到挫折与失败是再正常不过的事情了。也许有时候会觉得前途一片茫然，

有时候会觉得自己很无助，有时候又觉得创业太过辛苦，无法再继续。但坚持就是胜利，这就是坚定，就是自信。

自信就是对自己充满信心。自信心能赋予人主动积极的人生态度和进取精神。不依赖、不等待。要成为一名成功的创业者，必须坚持信仰如一，拥有使命感和责任感；信念坚定，顽强拼搏，直到成功。信念是生命的力量，是创立事业之本。信念是创业的原动力。要相信自己有能力、有条件去开创自己未来的事业，相信自己能够主宰自己的命运，成为创业的成功者。自强就是在自信的基础上，不贪图眼前的利益，不依恋平淡的生活。敢于实践，不断增长自己各方面的能力与才干，勇于使自己成为生活与事业的强者。自主就是具有独立的人格，具有独立性思维能力，不受传统和世俗偏见的束缚，不受舆论和环境的影响。能自己选择自己的道路，善于设计和规划自己的未来，并采取相应的行动。自主还要求有远见，有敢为人先的胆略和实事求是的科学态度。能把握住自己的航向，直至达到成功的彼岸。自立就是凭自己的头脑和双手，凭借自己的智慧和才能，凭借自己的努力和奋斗，建立起自己生活和事业的基础。

3.要有良好的创业品质——能创业

创业之路是充满艰险与曲折的。自主创业就等于是一个人去面对变化莫测的激烈竞争以及随时出现的需要迅速正确解决的问题和矛盾。这需要创业者具有非常强的心理调控能力。能够持续保持一种积极、沉稳的心态，即有良好的创业心理品质。它是对创业者的创业实践过程中的心理和行为起调节作用的个性心理特征，它与人固有的气质、性格有密切的关系。主要体现在人的独立性、敢为性、坚韧性、克制性、适应性、合作性等方面，它反映了创业者的意志和情感。创业的成功在很大程度上取决于创业者的创业心理品质。正因为创业之路不会一帆风顺，所以，如果不具备良好的心理素质、坚韧地意志，一遇挫折就垂头丧气、一蹶不振，那么，在创业的道路上是走不远的。宋代大文豪苏轼说：“古之成大事者，不唯有超世之才，亦必有坚韧不拔之志。”只有具有处变不惊的良好心理素质和越挫越勇的顽强意志，才能在创业的道路上自强不息、竞争进取、顽强拼搏。才能从小到大、从无到有，作出属于自己的一番事业。

4.要有全面的创业能力——会创业

创业能力是指工资形式就业以外的“自我谋职”能力。这种能力与市场行为相结合就是小型企业的建立。或者说是指一种能够顺利实现创业目标的特殊能力。创业能力的形成与发展始终与创业实践和社会实践紧密相连。创业能力是一种以智力为核心的具有较高综合性的能力。是一种具有突出的创造特性的能力。创业能力包括专业技术能力、经营管理和社交沟通能力、分析和解决实际问题的能力、信息接收和处理能力、把握机会和创造机会的能力等方面。

（1）决策能力。决策能力是创业者根据主客观条件，因地制宜，正确地确定创业的发展方向、目标、战略以及具体选择实施方案的能力。决策是一个人综合能力的表现，一个创业者首先要成为一个决策者。创业者的决策能力通常包括分析能力和判断能力。要创业，首先要从众多的创业目标以及方向中进行分析比较，选择最适合发挥自己特长与优势的创业方向和途径、方法。在创业的过程中，能从错综复杂的现象中发现事物的本质，找出存在的真正问题，分析原因，从而正确处理问题，这就要求创业者具有良好的分析能力。所谓判断能力，就是能从客观事物的发展变化中找出因果关系，并善于从中把握事物的发展方向。分析是判断的前提，判断是分析的目的，良好的决策能力是良好的分析能力加果断的判断能力。

（2）经营管理能力。经营管理能力是指对人员、资金的管理能力。它涉及人员的选择、使用、组合和优化；也涉及资金聚集、核算、分配等。经营管理能力是一种较高层次的综合能力，是运筹性能力。经营管理能力的形成要从学会经营、学会管理、学会用人、学会理财几个方面去努力。

①学会经营。创业者一旦确定了创业目标，就要组织实施，为了在激烈的市场竞争中取得优势，必须学会经营。

②学会管理。第一，要学会质量管理，始终坚持质量第一的原则。质量不仅是生产物质产品的生命，也是从事服务业和其他工作的生命，创业者必须严格树立牢固的质量观。第二，要学会效益管理，始终坚持效益最佳原则，效益最佳是创业的终极目标。做到效益最佳，要求在创业活动中，无效益的管理是失败的管理，创业的物、资金、场地、时间的使用都要选择最佳方案去运作，做到不闲人员和资金、不空设备和场地、不浪费原料和材料，使创业活动有条不紊地运转。第三，学会管理还要敢于负责，创业者要对本企业、员工、消费者以及对整个社会都抱有高度的责任感。

③学会用人。市场经济的竞争是人才的竞争，谁拥有人才，谁就拥有市场、拥有顾客。一个学校没有品学兼优的教师，这个学校必然办不好；一个企业没有优秀的管理人才、技术人才，这个企业就不会有好的经济效

益和社会效益；一个创业者不吸纳德才兼备、志同道合的人共创事业，创业就难以成功。因此，必须学会用人。要善于吸纳比自己强或有某种专长的人共同创业。

④学会理财。学会理财，首先要学会开源节流。开源就是培植财源。在创业过程中除了抓好主要项目创收外，还要注意广辟资金来源。节流就是节省不必要的开支，树立节约每一滴水、每一度电的思想。大凡百万富翁、亿万富翁都是从几百元、几千元起家的，都经历了聚少成多、勤俭节约的历程。其次要学会管理资金，一是要把握好资金的预决算，做到心中有数；二是要把握好资金的进出和周转，每笔资金的来源和支出都要记账，做到有账可查；三是把握好资金投入的论证，每投入一笔资金都要进行可行性论证，有利可图才投入，大利大投入、小利小投入，保证使用好每一笔资金。总之，创业者心中要时刻装有一把算盘，每做一件事、每用一笔钱，都要掂量一下是否有利于事业的发展，有没有效益，会不会使资金增值，这样才能理好财。

（3）专业技术能力。专业技术能力是创业者掌握和运用专业知识进行专业生产的能力。专业技术能力的形成具有很强的实践性。许多专业知识和专业技巧要在实践中摸索，逐步提高、发展、完善。创业者要重视在创业过程中积累专业技术方面的经验和职业技能的训练，对于书本上介绍过的知识和经验在加深理解的基础上予以提高、拓宽；对于书本上没有介绍过的知识和经验要探索，在探索的过程中要详细记录、认真分析，进行总结、归纳，上升为理论，形成自己的经验并积累起来。只有这样，专业技术能力才会不断提高。

（4）交往协调能力。交往协调能力是指能够妥善地处理与公众（政府部门、新闻媒体、客户等）之间的关系以及能够协调下属部门成员之间关系的能力。创业者应该做到妥当地处理与外界的关系，尤其要争取政府部门、工商以及税务部门的支持与理解，同时，要善于团结一切可以团结的人，团结一切可以团结的力量，求同存异、共同协调地发展，做到不失原则、灵活有度，善于巧妙地将原则性和灵活性结合起来。总之，创业者搞好内外团结，处理好人际关系，才能建立一个有利于自己创业的和谐环境，为成功创业打好基础。

协调交往能力在书本上是学不到的，它实际上是一种社会实践能力，需要在实践活动中学习，不断积累、总结经验。这种能力的形成应注意：一是要敢于与不熟悉的人和事打交道，敢于冒险和接受挑战，敢于承担责任和压力，对自己的决定和想法要充满信心、充满希望。二是要养成观察与思考的习惯。社会上存在着许多复杂的人和事，在复杂的人和事面前要多观察多思考，观察的过程实质上是调查的过程，是获取信息的过程，是掌握第一手材料的过程，观察得越仔细，掌握的信息就越准确。观察是为思考做准备，观察之后必须进行思考，做到三思而后行。三是要处理好各种关系，可以说，社会活动是靠各种关系来维持的。处理好关系要善于应酬。应酬是职业上的“道具”，是处事、待人、接物的表现。心理学家称：应酬的最高境界是在毫无强迫的气氛里，把诚意传达给别人，使别人受到感应，并产生共识，自愿接受自己的观点。

二、成功创业者需要满足哪些基本要求

每一位成功的创业者，在回顾自己的创业历程时，感慨最多的不是自己已经做过的事情，而是遗憾自己没有做到的事情。当问起创业者创业为何成功，创业成功有何奥秘时，每一位创业者由于经历不同，答案也不尽相同，归纳起来有以下5个共同之处：

1.基本要求之一——创新

创业需要创新，从无到有干成一番事业，离不开创造与创新。因此，创新是创业精神的核心。创业的过程，就是有所发现、有所发明、有所创造、有所突破的过程。创新也是没有止境的，是持续不断的。永葆创新精神，才能保持昂扬的工作热情，才能勇于求新、不断求变，取得成功。每个人都渴望成功，有很多人每时每刻都在为寻找成功的捷径而绞尽脑汁，并付出了艰辛的努力。但是，我们又不得不承认，在现实生活中，成功却往往属于少数人，而多数人却与成功无缘。究其原因固然很多，但有无好的创意则是成功与否的分水岭。这样的故事比比皆是。

【案例2】

创意就是财富

日本有一个家庭妇女，在废弃的旧罐头里放些土，并撒下花籽，拌上复合肥料，使那些爱花而又较懒的外行人每天在上面浇点水就可以养花，时间长了尝到摆弄花草的乐趣。她开发的这项产品销路很好，当年就获利2 000万日元。

英国一位70岁老人在电视上看到主持人摊开地图介绍地球，觉得这样不方便，且不直观。于是，他便着手发明地球仪。当地球仪生产出来时就开始打广

告，不久订单便如雪片似的从世界各地飞来，一年营业额高达1 400万英镑。

西铁城手表的质量是令世人有目共睹的，但早期的销路却不尽如人意。后来，有位年轻的销售人员给公司出了一个绝妙的主意，那就是从飞机上往下扔手表，由此引来了成千上万的人前来拾表和观看。就是这个新颖而又独特的广告创意，使该产品誉满天下、畅销全球。

在我国，有家橘子罐头厂的技术人员在逛市场时，发现鱼头比鱼身贵，鸡爪比鸡肉贵。他由此想到厂里每年都要遗弃大量的橘子皮，是不是可以废物利用，创造新的价值呢?于是，他广泛收集资料，了解到橘皮中含有丰富的维生素,且橘络中有大量食物纤维，有理气消滞、增进食欲等功效。他经过几个月的技术攻关，研制开发出了珍珠陈皮罐头，每瓶卖到了30多元，是橘子罐头价格的10余倍。

【点评】通过上面这些故事，可以看到：成功与学历背景、社会地位以及年龄大小都无必然联系。它只青睐一个个新颖奇特的好创意。人们只要抓住创意思维这根神奇的缰绳，那么成功之日就离你不远了。

强手过招，靠什么取胜?靠创意。在快速变迁的时代中，突破过去的框架，适应新的环境，面对新的课题，迎接新的挑战，才能赢得新的财富。

对于绝大多数在激烈竞争中初创的企业来说，通过精巧构思推出新招数、新想法，不仅可以使自己的创业之路展现一线生机，而且可以在短时间内见到利润。所谓新招数、新想法，从其运作思路上看未必出奇，一旦被点拨开了，谁都可以做到，但其根本却是创业者具备的功力。

“新”，通常意味着创业竞争压力的减轻，创业空间的拓展。事实证明，很多创业者在创业初期都巧妙地运用了这一方法，从而使自己站住了脚。称其为新招数、新想法而不是新技术，这是因为与后者相比，新招数、新想法更容易萌生，特别是创业者自己可能瞬间闪现出的新思路，更容易根据自身的条件进行完善并加以运作。借助巧妙地运用，创业者在创业初期的日子通常都会过得比较滋润。开门见喜，利润的获得也轻松了许多。

认真分析每一个用“新”创业的案例，可以看出很多时候寻找一个新的职业、一个新的经营项目、一个新的行业、一个新的产品，并不需要搜肠刮肚地去想，但是一定要会去利用。

【案例3】

出新产生商机

蒋瑞颖，一位很普通的南京市民。在很长一段时间里，因创业无门而苦苦寻觅，没想到一碗汤却让她名声远扬，当上了创业明星，大家都亲切地叫她“蒋嫂”。靠熬汤创业并不新奇，但蒋嫂的思路特别明确而且有针对性，她专门给自己家对面的南京妇幼保健医院的产妇熬营养汤。产妇是一个极大的消费群体。她们最集中的消费就是营养。绝大多数产妇家属为了产妇的身体和未来的宝宝，也为了产妇生产时能够更顺利、生产后恢复更快，通常是不计金钱只认好的、有营养的食品。蒋嫂这一新招数恰好准确抓住了产妇及其家属的这一心理，开门红自然手到擒来。

上海刘琳娜的“哭吧”从名字上就透着新鲜，而这个项目的由来既得益于她身为女性的细腻，也与她的从业经历有关。在经营“哭吧”之前，刘琳娜在上海一家法治类媒体担任咨询顾问，名为“婚恋处方”的栏目是她为别人排忧释疑的一方阵地。在那段为期两年半的时间里。通过热线、书信等一系列手段，得到了刘琳娜帮助的超过千人。“在工作当中，我发现需要倾诉，需要进行心理咨询的人并不在少数，而我在长时间的实践当中已经积累了一定的经验，并形成了一套自己独特的辅导别人的模式。接受我心理辅导的人绝大多数都是伴有眼泪的。既然如此，我何不自己创业，开一家‘哭吧’。”刘琳娜说出了当初创业想法的由来：“有了这样的想法之后，我便就可行性找到上海心理协会的张震宇等老师进行咨询。他们认为，哭不能解决问题。但是在心理指导下的哭有助于问题的根本解决。老师们的肯定更是鼓舞了我开办‘哭吧’的信心。”

【点评】从上述两个人的创业项目选择看，从自己身边寻找，从自己的特长寻找，出“新”并不难。蒋嫂由于打工住在妇幼保健医院，平日里总有不少产妇家属拎着冷汤找她帮忙热一下，时间长了，蒋嫂还曾经专门竖过一个牌子：“收费热汤菜，每位1元！”在不断替人热汤的过程中，产妇爱喝什么汤、什么汤更有营养也就心知肚明了，加之守着一个如此好的地理位置，蒋嫂的“新招”得来也就极为自然了。而刘琳娜也是极好地利用了自己的特长和专业，发掘出了自己的新生意。

出新，需求是关键，说起来不难，但寻找新招数、新想法却也不是人人都可以做到的。对于创业企业，新招数、新颖构思乃至新产品的开发，需要的是巧劲，而不是拙力。

当一个重要的创意从你的脑子里激发出来，你肯定会无比的激动与兴奋，这时候你不要着急马上就付诸实践，创意可不是盲目的标新立异，它要以企业实际为基础，要适合企业自身的发展要求。你应该对新的创意冷静地思考，放在市场的基础上，审视它的可行性与科学性，经过反复考证，思路成熟了。

确定一个招数、想法是否有前景，不在于这个招数或想法的本身是否够新奇、够独特，而是它的存在是否有需求。很多创业者也曾经新奇特招数不断，但最终不是无人喝彩，就是过早夭折，原因就在于创业者将这些新思路和新招数孤立在自己的想象中，没有考虑到人们对此是否存在需求。所有的新项目、新招数、新思路，是否可以存活、可以经得住市场的验证，唯一的衡量标准就是其中是否蕴含市场的需求。

2.基本要求之二——诚信

一看到“信”这个字，很多人就会意识到“人言为信”、“言而有信”、“诚实守信”。中国是一个具有5 000年文明史的诚信大国，在儒家文化伦理中，要数《论语》这本书为经典著作了，而在这本薄薄的书中，就有20多处论及“信”的重要性。

随着我国的改革开放和市场经济的不断发展，一些企业为了追求利益最大化，拼命搞“原始积累”，甚至明目张胆地造假，使得企业信用名誉扫地，在商品流通市场中不仅外国人不愿与其合作，就连本国公民也难以信赖他。难怪一个国际专家坦言：“中国现在全心全意地投入以美国这样一个公司王国为领头羊的全球化经济中，怎么会不沾染并不是中国传统所固有的尔虞我诈、利欲熏心的生活方式呢?”信用专家断言，信用是市场经济运行的前提基础，市场经济的重要特征是资源配置主要通过市场机制的作用来实现。市场机制的核心内容仍然是商品交换，而商品交换的基本原则仍然是建立在信用基础上的等价交换。随着交换关系的复杂化，日益扩展的市场关系便逐步构建起彼此相连、互为制约的信用关系，把整个经济活动紧紧地连接在一起，这种信用关系作为一种独立的经济关系得到充分的发展、维系和支持，从而形成市场秩序。可以说，没有信用，就没有商品交换和市场；没有信用，就没有经济活动存在及扩大的基础；没有信用，就没有人类赖以生存与发展的社会秩序。对于创业者来说，以信誉为重，立信为本，才是成就创业成功和维持企业不断发展壮大的动力源。

在创业过程中，创业者将不可避免地遇到交易双方的信用问题及风险规避问题：一方面是创业者应如何建立自己企业的信用，能够认真履行跟人约定的事情从而取得信任，在不需要提供物资保证的前提下，可以按时偿付信用贷款或商业经营活动中的赊销、赊购结算等；另一方面是如何防范别人不讲诚信，给自己企业造成损失。因此，创业者必须关注信用，了解现行的企业评级常识，这对自己企业规避风险十分重要。

诚信是体现社会文明程度的最基本要素之一，培养它必须从点滴开始，从小事做起，立足家庭、学校、工作单位等场所，形成从上至下倡导、由下而上监督。近年来，国家十分重视信用体系的建设，中央在倡导的“八荣八耻”中特别强调指出了“以诚实守信为荣，以见利忘义为耻”这一荣辱观。国家劳动和社会保障部与有关信用管理部门为此专门公布设立了“信用管理师”，作为一个社会新职业来强化信用管理，整治信用缺失和失信问题，其目的是期待重塑信用古国和信用大国之形象，为促进我国社会主义市场经济的健康发展服务。诚实守信是人们在职业活动中处理人与人之间关系的道德准则，也是市场经济体制下人们在创业活动中必须遵守的一项最基本的道德规范。诚实就是真心诚意，实事求是，不虚假，不欺诈；守信就是宁可牺牲自己的利益，也要遵守承诺，遵守协议，讲究信用，注重产品质量和企业信誉。诚信要求生产者和经营者在市场交易中，要货真价实，即质量、数量、品种、款式等都要符合相应的要求，要明码标价，合理定价，不能采用欺骗手段牟取暴利。它要求商店的广告，营业员的商品介绍，商品的包装和标志等都应提供真实的商品信息。它要求向被服务者提供真实的服务信息，提供符合规定的服务，收取合理的费用。反对和杜绝各种各样的欺骗服务对象的职业行为。诚实守信是市场经济最直接的道德基础。没有信用，就没有秩序，市场经济就不能健康发展。没有诚实守信，也不能成功创业。

市场经济已进入诚信时代，作为一种特殊的资本形态，诚信日益成为企业的立足之本与发展源泉。

风险投资界有句名言：“风险投资成功的第一要素是人，第二要素是人，第三要素还是人。”此话足以证明风险投资家对创业者个人素质的关注程度。在他们看来，创业项目、商业计划、企业模式等都可适时而变，唯有创业者品质难以在短时间内改变。

创业者品质决定着企业的市场声誉和发展空间。不守“诚信”，或可“赢一时之利”，但必然“失长久之利”；反之，则能以良好口碑带来滚滚财源，使创业渐入佳境。

在我国现阶段，一些大公司的产品，甚至一些名牌产品也还存在着一些质量问题。一些欺诈行为、毁约行为时常发生。有些老板为了能用最小的成本来获取最大的利润，竟然埋没良心，在买卖中缺斤少两，以次充好，以假乱真，以坑蒙拐骗等办法来欺骗消费者。这样的商家一旦失去消费者或客户，就失去了最根本的竞争力和最基本的立足点。在电视里、在报刊上有时也会看到这样的企业倒闭的报道。反之，一旦赢得消费者或客户的信任，将会获得不可估量的社会效益和可观的长远的经济效益，从而使企业更好地立足市场，占领市场。

【案例4】

诚信不吃亏

原某大酒店总经理孙先生有一段诚信的佳话。在创建某大酒店之前，他在医疗器械公司做生意，通过努力与某公司签订了一份价值上百万元的合同，但因资金短缺，无法实施。后经多方帮忙，辗转周折结识了某银行的行长，行长慷慨应允，给他贷款100万元，让他全力做成这份生意。后来由于行情变动，对方取消了这份合同，而银行因为研究过了这份合同，已把100万元专项资金划拨到孙先生的账上。这时孙先生的公司面临着选择：一是当时的金融环境不规范，能搞到银行的贷款谁就算有钱花了。也没有哪个单位主动去还银行贷款，除非想贷更多的资金，才把原来的贷款还上；二是孙先生个人的诚信问题。按照约定此笔贷款是专款专用，在国外专项贷款的挪用是违法的，当时在国内这只是个诚信问题。很多单位贷到银行的贷款都是通过设法巧立名目实现的。并且孙先生本人也向银行郑重承诺，这笔生意做完，资金回转过来就马上还清；三是孙先生的公司资金奇缺，大家的业务费、电话费和工资已发不下来了。为了搞到这笔贷款，周转关系还花了一些招待费，而这些钱又是向别人筹措的。如果归还贷款，这些小本还得搭进去。但孙先生排除阻力，如数还清了这笔从未使用过的贷款。后来在筹建运营某大酒店时，他多次向该银行筹借贷款。由于原来的关于诚信的一段小插曲，该银行对他总是有求必应，最高款额一度曾达到上亿元，而该行行长总是一句话：我们信任他。

【点评】创业中的商机，很多是由于善缘而才能捕获。依靠违背游戏规则参与游戏，终究会失道寡助。一个孤家寡人去创立一番的事业终究是不可能的！因此，创业初始就遵守诚信的游戏规则，进而打造无形的金字品牌，不仅不是吃亏，还是创业成功的捷径。

3.基本要求之三——合作

在我们今天的社会里，要想靠单枪匹马笑傲江湖，已是越来越难了。每个人都需要合作伙伴。所谓“一个好汉三个帮”、“红花还要绿叶扶”，就是说现代人要有合作意识，共同创业。

【案例5】

团结就是力量

江苏省沭阳县9户农民自主联合，“抱团”巧奔奥运商机。他们联合承包了北京郊区30公顷苗圃，并凭借“组团”后的规模优势，成功竞标200万元以上的奥运绿化工程6期，获利360多万元。

【点评】注入资本先天不足、不成规模单打独斗、一家一户小打小闹，一直是影响农民发展致富的“软肋”。而像上述这种全新的“弱弱联合、做大做强”的新模式，无疑有利于农户摒弃作坊式加工，进而把事业做大做强。

合作创业的优点为：

（1）“抱团”创业有利于降低成本。小作坊也是企业，只要开工生产了，就要有厂房、后勤等，还要有机器设备、人员管理等。一句话，“麻雀虽小，五脏俱全”。原来不可避免的资产闲置、材料浪费、开工不足等弊端，经过重组联合之后，机器设备利用率提高了，土地节约了，重复建设避免了，经营活动规范了，效益也提高了。

（2）“抱团”打破了“同行冤家”的宿命。长期以来，许多人难以走出“不去相互提防就不是经商”的旧思维。现在，具有新思维的农民能反其道而行之，体现出的不仅仅只是团结协作，还让我们看到了他们的诚信和睿智。“抱团”折射出了如今的同行既是伙伴，更是朋友，只要抱团联合，就不愁没有出路，就不愁做大做强。

（3）“抱团”之举可以取长补短，提高竞争优势。很多中小企业当初上马时大都是“因陋就简”。而“抱团”重组后，企业规模变大了。设备更新了，效益也增加了，抵御市场风险的能力也随之增强，往日对其不屑一顾的大企业、大客户也就不得不刮目相看了。“抱团”让他们更容易争取到大的合作机会。

（4）“抱团”之举彰显了“草根老板”和新农民的创业大志。企业“抱团”重组、农民组团创业，是农民在经营活动中从觉醒升华到理性的过程。只有想把企业搞出名堂来的人、只有想抢抓机遇干出名堂来的人，才会积极参与重组、热心联合。由此可见，“抱团”重组体现了新型农民企业家立大志、创大业、做大事的精神风貌。

选择合伙创业，比个人“单枪匹马”创业更能顺利地度过创业期。任何潜在的合伙人都有优点和缺点。彼此了解各自的长处和短处，仅仅是社交中的朋友，这是不够的。创业前找一个彼此适合的合伙人是有一定的标准的。在一般情况下，人们选择创业合伙人时有以下两个标准：

①对项目感兴趣并愿意出资参与，能够共同承担投入、风险；

②在技术、经营、管理、资金等方面各有所长，能形成互补。

但是，上述标准还多局限在相对有形的可见层面，合伙人还应是志同道合并且能够同甘共苦、互相兼容的“盟友”。因此，合伙人的选择还要添加一项标准，就是性格上要能够兼容，在业务及经营管理政策乃至价值观上要能达成一致。

4.基本要求之四——守法

在你开始创业前，你必须了解我国的一些基本法律知识，这样你才能更好地解决创业所涉及的法律问题。设立企业从事经营活动，必须到工商行政管理部门办理登记手续，领取营业执照。如果从事特定行业的经营活动，还需事先取得相关主管部门的批准文件。我国的企业立法已经不再延续按企业所有制立法的旧模式，而是按企业组织形式分别立法。

根据《中华人民共和国民法通则》《中华人民共和国公司法》《中华人民共和国合伙企业法》《中华人民共和国个人独资企业法》等法律的规定。企业的组织形式可以是股份有限公司、有限责任公司、合伙企业、个人独资企业，其中以有限责任公司最为常见。设立企业时还需要了解《企业登记管理条例》《公司登记管理条例》等工商管理法规、规章。设立特定行业的企业时，还有必要了解有关开发区、高科技园区、软件园区基地等方面的法规、规章及有关地方规定，这样有助于您选择创业地点，以享受税收等优惠政策。我国实行法定注册资本制。如果您不是以货币资金出资，而是以实物、知识产权等无形资产或股权、债权等出资，您还需要了解有关出资、资产评估等的法律规定。企业设立后，您需要办理税务登记，需要会计人员处理财务，这其中涉及税法和财务制度。您必须了解企业需要缴纳哪些税，例如，营业税、增值税、所得税等。您还需要了解哪些支出可以打进成本，开办费、固定资产怎么摊销等。您需要聘用员工，这其中涉及劳动法和社会保险问题，因此，需要了解劳动合同、试用期、服务期、商业秘密、工伤、养老金、住房公积金、医疗保险、失业保险等诸多规定。您还需要处理知识产权问题，既不能侵犯别人的知识产权，又要建立自己的知识产权保护体系。您需要了解著作权、商标、域名、商号、专利、技术秘密等各自的保护方法。您在业务中还要了解《中华人民共和国合同法》《中华人民共和国担保法》《中华人民共和国票据法》等基本民商事法律以及行业管理的法律法规。以上只是简单列举创业常用的法律。在企业实际运作中还会遇到大量法律问题。当然，您只需要对这些问题有一些基本的了解，专业问题需由律师去处理。

应用法律手段管理中国21世纪的农业产业化，是中国农业经济管理的重大变革。有法可依，有法必依，执法必严，违法必究，在农业生产领域，一旦建成了这样的法制秩序，中国农业的持续、稳定、健康发展不仅是可能的，而且是现实的。

5.基本要求之五——和谐

俗话说："和气生财"。创业需要和谐，这种和谐，一是指创业者的"心态"需要和谐；二是指创业的过程中需要和谐。宽松的社会氛围、和谐的人际关系，是创业成功的无形资产，更是激发创业者创造力的重要条件。现在好多年轻人都想创业，但一试水，绝大多数人未足一年就黯然收场。为什么?

（1）这是一个心态问题。有许多创业者在创业初期还是有一些相对优势的，如技术、资金等。但为什么会有那么多的创业者创业不足一年就失败了，这是因为创业者创业的心态不平和，也就是"心态不和谐"。他们在创业之初就梦想着短期内实现赢利，而忽视了做一些打基础的工作，结果往往造成本末倒置。例如，一个创业者开了一家餐馆，他们可能先想到的是做宣传、搞推广，而轻视了搞好清洁卫生、做好特色饭菜这些基础性的工作。

（2）在创业过程中，要注意作为多种要素的结合而存在的"和谐"。在创业团队内部，你需要和谐，这就好像一支乐队演出，即使只有一个乐手的演奏"跑调"，整个合奏就会马上失去美感，欣赏者也会感到曲调不和谐。有了创业团队内部的和谐还不行，在创业过程中还需要与消费者建立一种和谐的关系，培养一批初具忠诚度的消费群体；需要与供应商创造和谐关系，这样才能使他们对你更加信任，从而有一个相对稳定的商品来源；更需要与社会建立和谐关系，这就要求你不能知法犯法、逃税漏税等。

（3）创业需要和谐，还表现在人与自然的和谐，也就是生态和谐。它以协调人与自然关系、促进农业和农村经济社会可持续发展为目标，以"整体、协调、循环、再生"为基本原则，以继承和发扬传统农业技术精华并吸收现代农业科技为技术特点，强调农、林、牧、副、渔大系统的结构优化，把农业可持续发展的战略目标与农户微观经营、农民脱贫致富结合起来，从而建立一个不同层次、不同专业和不同产业部门之间全面协作的综合管理体系。几十年来，农业综合生产力的高速增长，在很多地区和相当程度上是建立在牺牲生态环境基础之上的，这是一种“短视”的创业观念，是对资源的过度掠夺，是对环境的肆意破坏。2007年太湖蓝藻全面暴发，就是人类对生态和谐破坏的结果。历史的经验和教训启示人们，必须把自然资源和生态环境保护结合在农业生产过程当中，建立生态合理的新型农业生产体系和相应的技术体系。

创业需要和谐，和谐创业是一种高境界。“和”者，和睦也，有和衷共济之意；“谐”者，相合也，有协调顺和之意。“万丈高楼平地起”。有了创业的和谐，才有创业发展的未来。

三、创业素质测试

下面是一份创业素质测试卷，测一测你的创业素质如何：

1. 在急需作出决策的时候，你是否在想：“再让我考虑一下吧。”

A. 经常 B. 有时 C. 很少 D. 从不

2. 你是否为自己的优柔寡断找借口：“是得好好慎重考虑，怎能轻易下结论呢?”

A. 经常 B. 有时 C. 很少 D. 从不

3. 你是否为避免冒犯某个或几个有相当实力的客户而有意回避一些关键性的问题，甚至表现出曲意奉承呢?

A. 经常 B. 有时 C. 很少 D. 从不

4. 你已经拥有很多写报告用的参考资料，但仍责令下属继续提供?

A. 经常 B. 有时 C. 很少 D. 从不

5. 你处理往来函件时，是否看完就扔进文件筐，不采取任何措施?

A. 经常 B. 有时 C. 很少 D. 从不

6. 你是否无论遇到什么紧急任务，都先处理琐碎的日常事务?

A. 经常 B. 有时 C. 很少 D. 从不

7. 你非得在巨大的压力下才肯承担重任吗?

A. 经常 B. 有时 C. 很少 D. 从不

8. 你是否无力抵御或预防妨碍你完成重要任务的干扰吗？

A. 经常 B. 有时 C. 很少 D. 从不

9. 你在坚定重要的行动计划时常忽视其后果吗?

A. 经常 B. 有时 C. 很少 D. 从不

10. 当你需要作出可能不得人心的决策时，是否找借口逃避而不敢面对？

A.经常 B.有时 C.很少 D.从不

11. 你是否总是在快下班时才发现有紧急事未办，只好晚上回家加班？

A.经常 B.有时 C.很少 D.从不

12. 你是否因不愿承担艰巨任务而寻找各种借口？

A.经常 B.有时 C.很少 D.从不

13. 你是否常来不及躲避或预防困难情形的发生？

A.经常 B.有时 C.很少 D.从不

14. 你总是拐弯抹角地宣布可能得罪他人的决定吗？

A.经常 B.有时 C.很少 D.从不

15. 你喜欢让别人替你做自己不愿做的事情吗？

A.经常 B.有时 C.很少 D.从不

计分："经常"得4分，"有时"得3分，"很少"得2分，"从不"得1分。

50分以上：你的个人素质与创业者相差甚远。

40～49分：你应彻底改变邋遢、效率低的缺点，否则创业只是一句空话。

30～39分：大多数情况下充满自信。

15～29分：你是一个高效率的决策者和管理者，更是一个成功的创业者。具有良好的心理素质和坚韧不拔的毅力。

第六节　评价你的自身

【学习目的】

1.了解什么是企业？企业基本循环周期。

2.了解创办企业将面临的挑战。

3.了解成功创办小企业的关键因素。

4.能够评价自己，并制订有用的能力增长计划。

【教学时数】 90 分钟

【教学方法】 讲授法、讨论法、案例法、练习法

一个企业的成功和企业的老板有着密不可分的关系。当你想要创办自

己的企业时，第一件要做的事情就是“照镜子”——你必须认真地打量一下自己，判断自己是否适合成为一个企业老板，目前是否具备创办企业的基本条件。

在这一步，你将了解成功创办一个企业所需的基本条件，并且评价你自己是否拥有这些条件。

一、什么是企业

企业就是以赢利为目的而从事生产经营活动，向社会提供商品或服务的经济组织。企业可以是一个个人，也可以是多个人组成的群体。

一个企业既要从市场上购买商品（产品或服务），又要在市场上向顾客出售其生产的商品（产品或服务）。所以企业在经营过程中主要和两种东西打交道，即商品和现金，并且商品和现金会不断地在企业和供应商、企业和顾客之间流动，从而形成了两股流：

商品流——企业不断地从市场上购买商品（设备、原材料等），并向市场销售商品（产品、服务等），这种商品的流动叫做商品流。

现金流——企业不断地有现金的支出（购买原材料的费用、租金、员工工资等）和现金的流入（销售商品或提供服务的收入等），这种现金的流动叫做现金流。企业经营的目的是赢利，所以流入企业的资金应该多于流出的资金。一个成功的企业，商品流和现金流的流入和流出活动会不断地循环往复。

二、成功创办小企业的关键因素

在你开始真正创业之前，你还有一件非常重要的事情需要做，就是“照镜子”，即需要你清楚地了解自己是否适合创办一家企业。如果发现自己在创业方面还存在着很多不足，你就要积极寻找提高自己的方法。

怎样才能成为一个企业老板？如何成功地创办一个企业？这些是人们经常会问的问题。但是，到目前为止还没有找到一个十分简单的方法和捷径来成功地创办企业。

尽管如此，通过无数企业老板成功或失败的创业经历，还是总结出了一些关于成功创办一个小企业的关键因素。

企业老板本身是整个创业过程中至关重要的因素。如果你想要成为企业老板，就需要积极主动地承担风险，创办企业，经营企业并赢得顾客。企业老板要成功地做到这些，取决于4个要素，也就是动机、能力、想法和资源。动机和能力主要是创业者内在的要素，而想法和资源则是外部的条件。

只有先准备好内在的要素，才能考虑外部的条件。除了上述的4个要素之外，为了将你的企业变成现实，还需要一个计划，并且能够实施这个计划。创业要素模型可以帮助你更容易地理解并记住这些要素。

1. 动机和决心

无论是个人还是团队要想成功创办企业都需要具备强烈的创业动机和坚定的创业决心。

什么是创业动机和决心呢？实际上就是要说清楚你为什么要去创办一个企业，另外，还体现出你是否勇于承担责任和风险以及对工作的态度。创业的动机和决心是你能否成功创办企业的前提和基础，所以在创办企业之前你首先要正确评价自己的动机和决心。

2. 能力

要想成功创办企业，另外一个重要的问题就是个人或者合伙人是否具备相关的特殊能力和素质——这些可以是创业的知识，企业或创业方面的技术和管理技能。

3. 想法和市场

选择一个有市场前景的创业想法、项目、产品或者服务是非常重要的。有市场前景的创业想法、项目、产品或者服务需要具备以下几个条件：

（1）能够满足顾客的需求。

（2）顾客具备购买能力并且乐于购买。

（3）顾客购买的数量足够回收成本并获得充足的利润。

4. 资源

最后，你需要能够获得充足且有效的资源，这不仅影响企业运营，有些时候还要影响到你是否可以创办企业。例如，资金、房屋、原材料、设备和人员等。此外，基础设施（例如，水电、通信线路、道路）和外部的支持服务（例如，政府的政策、各种创业服务机构的帮助）也是非常重要的。

资金是必不可少的资源。如果你没有任何存款，也没有具有一定价值的担保品，你就不可能从银行或金融机构获得贷款。大多数情况下，你创业所需的资金，要么使用自己的积蓄，要么向亲朋好友去借钱。还有一件很重要的事情，就是当你决定创办企业的时候，你不能把自己所有的钱都投到企业里。因为，如果你的家庭没有其他收入来源时，所有的生活开支就得从你的积蓄中支付，直到你的企业能够赚到钱，并能够支撑你的家庭生活为止。一般情况下，一个新创办的小企业至少需要经营3个月甚至更长时间，才会赚到足够多的钱来支付企业老板及其员工的费用。

5.创业计划

为了能够将前面4个部分变成现实，你还需要做一个创业计划。一个完整的创业计划需要体现4个方面的内容，即：

（1）想要做什么；（2）计划怎么着手去做；（3）由谁去做；（4）说明想法是值得去做的。

6.实施

有了创业计划，并不意味着你就一定能够成功创办一个企业。重要的是你还要能够按照计划去实际操作和行动，并且在操作过程中不断地调整和完善。在操作过程中会遇到很多问题，你可以积极地寻求其他人的帮助。例如，在创办企业和开始经营企业之前，会遇到各种问题，这就需要向一些专业人士请教和咨询，例如创业咨询师、律师、会计师或为小企业提供服务的机构中的工作人员。

总之，创办一个小企业并不是一件轻而易举的事情。首先需要你自己具备强烈的创业动机和必要的创业能力，然后再找到一个好的创业想法，准备相应的各种资源，把你创办企业的事情写成创业计划书，最后能够努力地行动，把你创办企业的想法变成现实。

三、增强你的创业能力

通过前面的测试，如果你发现自己缺乏创办企业必备的素质和能力，不要灰心，因为有很多方法可以提高你的企业经营技巧并培养你的创业素质。你可以：

（1）与企业人士交谈，向他们学习。

（2）接受培训，参加一个培训班或学习班。

（3）做一个成功企业人士的助手或学徒。

（4）阅读能帮助你提高经营技巧的书籍。阅读报纸和互联网上关于企业的文章，思考这些企业的问题和解决问题的方法。

（5）练习讨论某一种情况或某一个想法的利弊。

（6）思考并学习如何更好地处理危机局面，提高思考问题、评价问题以及承担风险的能力。

（7）出现问题时，要分析问题的前因后果，提高自己从错误之中吸取教训的能力。

（8）积极地面对新的想法和其他人的观点。

（9）与家人讨论自己创业的困难并说服他们支持你。

（10）加强你对工作的投入，并且要认识到，只有努力工作才能获得成功。

（11）另外一个弥补创业能力的方法，就是与具备相关专业技能的人进行合作（表1-1）。

表1-1　估算创业资金练习

项　目	金额（元）
收　入	
现有资金	
办企业前的其他收入	
总收入（A）	
支出（今后/月）	
伙食费	
房　租	
日常生活开支	
偿还借款	
其　他	
总支出（B）	
可用于创业的资金（A-B）	

成功创办企业关键因素练习：

（一）我的创业动机和决心

1.

2.

3.

4.

5.

6.

（二）我具备的能力（列出你擅长做的事、拥有的知识和工作经验）

1.

2.

3.

4.

5.

6.

（三）我的创业资源

1.

2.
3.
4.
5.
6.

（四）我的创业计划

1.
2.
3.
4.
5.
6.

（五）我如何实施创业计划

1.
2.
3.
4.
5.
6.

注意：如果你做完练习，发现很多内容都填不上，并不意味着你就一定不能成为创业者，只能说明你还没有做好创业前的准备工作。你可以为自己制订创业能力增长计划，继续学习下面的课程内容，为成为真正的企业老板而努力。

在表1-2的计划表中填上你在创业方面的弱项以及你打算怎样将弱项变为强项。

表1-2 创业能力增长计划练习

我在创业方面的弱点	我将怎样在这方面进行提高

第二章　创业知识与技巧

第一节　农业创业的市场机遇

【学习目的】

通过本专题学习，使学员了解市场机遇的主要内容。

1.了解农业创业的市场机遇有哪些。

2.了解现代农业的内涵以及现代农业发展对农业创业的影响。

【教学时数】90分钟

【教学方法】讲授法、案例法、讨论法。

所谓市场机遇，指的就是市场上存在的尚未满足或尚未完全满足的需求。农业的产品种类繁多，满足多个领域、多种群体的需求。农业市场机遇存在于社会生活的各个方面，是多种多样的。但对某一个农业创业者来说，众多的市场机遇中仅有很少一部分对自己才具有实际意义。为了搞好市场机遇的发现和分析，有效地抓住和利用某些市场机遇，要求农业创业者对各种机遇的类型进行分析和把握。

一、农业创业面临的市场机遇

农业创业者面临的市场机遇主要有以下几个方面：

1.农产品市场环境更加宽松

（1）多元化的营销组织形式。为搞活农产品的流通，目前，不同地方根据当地的产品优势孕育成长了不同微观经济形式，这些经济形式之间的连接构成了多样化的流通渠道。这些微观的经济形式包括两大类型：一种类型是以委托关系为主，包括农产品的长途贩运、农产品的仓储、中介流通组织为主体的农产品营销（协会）经纪人，也称为农产品的代理商，帮助转移农产品；另一种类型是以买卖关系为主，包括农产品的批发、农产品的零售等，称为农产品的经销商，帮助销售农产品。以上这些微观组织活跃于产地和消费地，解决了农产品的销路问题。随着农业规模化和产业化的发展，带动了长短不同的产地专门化和综合化的市场，例如，蔬菜批发市场、农副产品批发市场、粮油交易市场、牲畜交易市场、大蒜交易市场等，这些交易市场在农产品的生产地，具有聚集农产品的功能，为农业生产者提供较为便利的交易场所，从而降低农产品长途运输的成本和损耗。由于不同的生产地采取不同的措施和办法，有些以运销专业户为主体，有些以运销经纪人为主体，构成了多层次、多形式、多渠道的多元化农产品流通市场体系，促进了农产品的销售。

（2）良好的对接平台。为了鼓励农产品的销售，扩大销售区域，国家和地方每年在不同的地方举办多种类型的农产品的交易会、产销交流订货会、农村经纪人研讨会和农产品供求信息发布会等，通过“政府搭台、经纪人唱戏”的办法或“文化搭台、经济唱戏”的方法，给农业创业者提供了创业的舞台，也为农业生产企业和农产品运销商提供了良好的沟通交流平台。这些不同形式的展销会成为农产品品牌展示和产销对接的一个重要窗口。通过这一平台，可以加强交流。创业者可以利用这个机会交流种植技术，了解农产品的发展趋势，深化种植和销售合作，提高市场竞争力；还可以通过这个机会把更多的客商吸引进来，扩大农产品市场，把更多的农产品销往全国各地甚至世界市场。

（3）畅通的绿色运输通道。为进一步激活农产品流通市场，促进农民增收，目前，国家建立了全国普惠制的绿色通道，并且由交通部、农业部等国家7个部门成立了全国高效绿色通道工作组。截至2007年年底，已建成的绿色运输通道主要包括：5条纵向通道、2条横向通道和3条连接线。绿色通道网络全长2.7万千米，由银川到昆明、呼和浩特到南宁、北京到海口、哈尔滨到海口、上海到海口5条纵向线路和连云港到乌鲁木齐、上海到拉萨2条横向线路共7条线路组成。近几年绿色通道又有了进一步的拓展。

整车运输鲜活农产品的车辆在绿色通道上行驶时，各级交通主管部门应按以下规定给予通行便利：以动植物检验检疫证或货物销售发票或运单为准，通过所有公路（含高速公路）桥梁通道和渡口收费站一律免收过路、过桥、过隧道和过渡费。对于省级农业产业化重点龙头企业采取发放《绿色通道通行证》的形式，对持证车辆除高速公路外免收过路费，以降低运输成本，扩大农产品销售。绿色通道对保障市场供应、稳定物价和促进农民增收起到了积极作用，可直接连通全国29个省会城市、71个地市级城市、262个县级城市，覆盖全国所有具备一定规模的重要鲜活农产品生产基地和销售市场。绿色通道相关政策实施后，预计全国每年减收的通行费将达数10亿元之多，可直接降低农民的生产支出，促进农民增收。

2.消费需求越来越多样化

（1）不断提升的消费需求。随着经济的发展和社会的进步，人们生活水平在不断提高，消费群体对不同农产品的购买习惯和消费层次及消费类型都在发生变化。主要表现出以下规律性：一是随着收入的增加，恩格尔系数下降，2007年在食品支出增加的同时，恩格尔系数在上年下降的基础上继续下降1个百分点，食品结构也有了明显的改善，人们更加讲究便捷和关注健康；二是居民外出就餐次数越来越多；三是肉禽蛋水产类和烟酒类支出减少，蔬菜类支出增加。2007年，人均肉禽蛋水产品类支出同比减少1.0%，烟酒饮料类支出同比减少4.9%，蔬菜类支出同比增长18.8%。近几年，中国城镇居民食品消费经历了一个从生存型到数量型再到质量型的过程，食品消费的数量和质量得到进一步改善，食品消费的社会化程度不断增强，居民营养水平逐步得到满足。然而随着人们生活水平的日益提高，城镇居民食物消费正在偏离以谷物为主的东方饮食模式，谷物消费量迅速减少，肉类食品消费量大量增加。食品消费结构的变化，在满足层次上，既有满足基本层次的生存需求，也有满足较高层次的文化品位需求；在口味上，更加注重多样化的搭配，绿色食品、方便食品需求日益扩大，将极大地拉动农产品加工业的发展，提升现代农业发展水平。

（2）正在改变的购买习惯。随着消费层次的改变，不同的消费群体在对农产品的购买偏好上也在发生变化，在对消费品上呈现出价格偏好、品牌偏好的习惯。在价格上，选择高价格产品的比重偏高；在标签上，偏好绿色、有效期、无公害；在消费地点上，惠顾于超级市场（高中档饭店），体现出重复购买，具有较高的忠诚度。对粮油、肉、蛋、奶、名牌水果、绿色蔬菜、水产品的消费水平比较高；购买地点上以超级市场为主，约占35%，农贸市场为11%左右，因此，有的人形容这种情况为“朝阳的超级市场”、“夕阳的农贸市场”、“日落的集市”。销售渠道的更迭和消费者购买习惯的调整，给农业创业者提供了机会。这将会激发农产品生产经营者的市场主体意识，促农产品的供应日益规模化和标准化，从而加速销售方式的变革，在超市销售取代集市销售的过程，开始加速的时候，推广标准化生产，优化具体品种在具体区域的生产方式，优化农产品粗加工、精加工、包装、运输等一系列商品化处理过程，提高农产品营销能力。也就是说，这是发展品牌、健康、营养标准化的农产品的最佳时机。

在超市购买农产品占了绝大多数，而且其对高档农产品的需求量最大，所以农产品批发市场经营高档农产品的销售渠道主要是超市。在大、中型超市找到自己的销售渠道才是正确的销售方式，这样就抓住了消费群体，找到了最好的销售主渠道。

（3）已成“气候”的品牌化购买。销售方式的变革将为有品牌农产品提供扩大市场份额的机会，同时也会排斥无品牌农产品进入市场。品牌是产品品质差异的标志，不同品牌产品存在品质差异，消费者会对某些品牌形成一定的偏爱，使不同品牌农产品之间形成稳定的消费群体，这就排斥了非品牌农产品的进入。品牌农产品显然具有获得相对高价的优势。国内外市场对农产品质量要求越来越高，消费者不仅要求农产品无污染，而且要求营养高、风味好。所以，消费者对高质量农产品的需求价格弹性比较小，有利于生产者依据优质优价原则制定高价，获取较高附加值。当前，国内外农产品市场已经基本处于买方市场，农民不能依靠扩大面积、提高产量的方式达到增收目的，而只有依靠品牌化经营，进入超市销售渠道，才能获取较高附加值。没有品牌就没有固定的消费人群，也没有稳定的销售市场，不利于生产者有计划地安排生产，不能避免市场风险。这是发生大量农产品销售困难，市场大涨大落的根本原因。在优化农产品质量和品种的同时，打造品牌化、标准化的农产品将会起到锦上添花的作用。

3.现代交易流程更加方便快捷

面向市场，搞活农产品流通工作，是建设现代农业、繁荣农村经济的重要环节；是农户小生产与大市场实现对接，增加农民收入的重要途径；是农业部门遵循市场经济规律，强化“经济调节、市场监管、社会管理、公共服务”职责的重要内容。围绕加快构建统一、竞争、开放、有序的农产品大市场大流通格局，主要将以下3个方面作为重点：在流通方式上要由过分依赖传统的有形市场向以有形市场与连锁配送、电子商务、期货市场等现代流通方式为重点的转变；在规模大、辐射面广、带动力强的区域性产地和销售批发市场的基础设施建设上，以加强信息系统、质量检测系统、电子结算系统以及加工、储藏等配套设施建设为重点；在参与主体上，重点将农产品市场由物业型经营主体改造为营销型经营主体，即农产品物流和营销公司，真正发挥农产品市场在流通中的龙头作用。交易的过程体现了数字化、电子化、标准化和信息化，降低农产品流通费用和流通损失，为农业创业者（特别是大的龙头企业）创造了更加快捷和方便的条件。特别是近几年互联网的推广使用，也给创业者了解市场信息提供了更加宽广便捷的通道。

4.农产品质量安全管理更加法制化

过去人们主要是注重农产品的营养含量，现在更注重农产品的安全性。由于现代农业有大量的非传统投入，其中，部分投入对食品的安全有破坏性，需要引起注意。我国从2007年11月1日起施行了《中华人民共和国农产品质量安全法》，农产品质量安全管理将全面纳入法治化轨道，法定基本制度具有很强的针对性和可操作性，这对于从源头上保障农产品质量安全、维护公众身体健康、促进农业和农村经济发展具有重要意义。农业创业者应准确掌握农产品质量安全的法律法规，熟悉无公害农产品、绿色食品、有机食品的标准和市场发展趋势，开展对农产品的品质等级划分工作，申请无公害农产品、绿色食品的认证或评审工作，并充分利用农业资源的优势，与相关加工企业、流通企业联手加工销售有机食品，注册商标，打造品牌，提高农产品的附加值，创造更好的经济效益。

二、现代农业发展给农业创业带来的历史机遇

1.现代农业的基本特征

现代农业是指以现代科学技术为主要特征的农业，是广泛应用现代市场理念、经营管理知识和工业装备与技术的市场化、集约化、专业化、社会化的产业体系，是将生产、加工和销售相结合，产前、产中和产后相结合，生产、生活和生态相结合，农业、农村、农民协调发展，农村与城市、农业与工业发展统筹考虑，资源高效利用与生态环境保护高度一致的可持续发展的新型产业。其核心是科学化，特征是商品化，方向是集约化，目标是产业化。

现代农业与传统农业相比，具有四大特点：

（1）突破了传统农业仅仅或主要从事初级农产品生产的局限性，实现了种、养、加工、产供销、贸工农一体化经营，使得农工商的结合更加紧密。

（2）突破了传统农业远离城市或城乡界限明显的局限性，实现了城乡经济社会一元化发展和城市中有农业、农村中有工业的协调布局，科学合理地进行资源的优势互补，有利于城乡生产要素的合理流动和组合。

（3）突破了传统农业部门分割、管理交叉、服务落后的局限性，实现了按照市场经济体制和农村生产力发展要求，建立一个全方位、权责一致、上下贯通的管理和服务体系。

（4）突破了传统农业封闭、低效、自给半自给的局限性，发挥资源优

势和区位优势，实现农产品优势区域布局、农产品贸易及国内外流通。

2.现代农业的发展趋势

从单纯生产向种植、养殖、加工、销售、科研一体化发展，变单纯的生产企业为繁殖、养殖、生产、贮藏、加工、销售一条龙产业化企业。从机械化向电脑自控化、数字化方向发展。从土地向工厂、海洋、沙漠、太空发展。生物技术，新材料、新能源技术，信息技术使农业脱离土地正在成为现实，实现了工厂化，出现了白色农业；蓝色农业，甚至在未来很有可能会出现太空农业。

3.现代农业发展带来新机遇

要加快现代农业建设，用先进的物质条件装备农业，用先进的科学技术改造农业，用先进的组织形式经营农业，用先进的管理理念指导农业，提高农业综合生产能力。以上几点要求是建设现代农业的主要内容。今天，农业创业者是幸运者，碰到了前所未有的历史机遇，而这些机遇主要来自于我国农业本身的发展。这些机遇主要包括：

（1）新型城乡关系推动农业创业者有所作为。新型的城乡关系是相对于以前城乡分割、工农对立的“二元结构”城乡关系而言，指的是按照统筹城乡发展的思路，“以城带乡、以工促农、城乡互动、协调发展”的相互融合城乡关系。通过城乡生产力合理布局、城乡就业的扩大、城乡基础设施建设、城乡社会事业发展和社会管理的加强、城乡社会保障体系的完善，达到固本强基的目的。加快农村工业化、城镇化和农业产业化进程，加快中心镇建设，加大农村劳动力转移力度，努力增加农民收入，促进农业农村经济稳定发展，使农业步入一个自我积累、良性循环的发展道路。目前，我国已经步入了工业反哺农业的发展阶段，工业化的经营理念导入农业领域，农业创业者必然会有所作为。

（2）现代化的农业生产条件促使农业创业者大有可为。现代方紧抓龙头企业和农村经济合作组织，提升农业产业化水平。现代化的农业生产条件主要是农业技术装备和现代农业科技，包括：

①现代化手段和装备带来了巨大的效益。农业机械化给农村的农民协会或合作经济组织带来效益，这些组织的表现形式主要为：农业注入了极大的活力，大大地节约了劳动力，促进了城市化进程，基地带动型、龙头企业带动型、专业大户带动型的农业企业形式逐渐形成，也促进了第二产业、第三产业的发展。如联合收割机、播种机、家庭农场迅速崛起，把千家万户的

农民组织起来，提高了经营效益；主插秧机、机动脱粒机等农业机械化手段，极大程度地提高了农业生产效益。在流通过程中体现为“公司+基地+农户”；电气化可使农牧业的生产、运输、加工、贮存等整个过程实现机械操作，大大提高了劳动生产率。

②农业科学技术的进步，提高了农业集约化程度。例如，良种化对农业增产有显著效果；农业生物化不仅增加土壤养分、除草灭虫、提供新型农业生产资料（如塑料薄膜等），还为免耕法的实施创造条件；“四大工程”（种子工程、测土配方施肥工程、农产品质量安全工程、公共植保工程）的实施，推动农业可持续发展，逐步实现农业现代化，稳步提高了农业综合生产的能力。

③农业生产管理数字化。计算机在农业中的应用，使农业由“粗放型”向“数字型”过渡。如各种分辨率的遥感、遥测技术，全球定位系统，计算机网络技术、地理信息技术等技术结合高新技术系统等，应用于农、林、牧、养、加、产、供销等全部领域，在很多地方出现了“懒汉种田”、“机器管理”的新局面。

④新的农业生物工程技术的发展，使农业由“化学化”向“生物化”发展，减少化学物质、农药、激素的使用，转变为依赖生物技术、依赖生物自身的性能进行调节，使农业生产处于良性生物循环的过程，使人与自然在遵循自然规律的前提下协调发展。这些无疑将会引起今后农业的革命性变化，农业创业者将会大有可为。

（3）农业经营主体组织化、产销一体化激发农业创业者敢于作为。围绕农业的规模化、专业化、产业化发展的需要，各个方面紧抓龙企业和农村经济合作组织，提升农业产业化水平。在经营的主体方面涌现出大批带动能力强、辐射面广、连接农民密切的农民协会或合作经济组织，这些组织的表现形式主要为：生产基地带动型、龙头企业带动型、专业大户带动型的农业企业和家庭农场，把千家万户的农民组织起来，提高了经营主体的地位，在流通过程中体现为“公民+基地+农户”、“公司+农户”形式，把农产品的生产、加工、销售过程连接在一起，按照“风险共担，利益均沾”的原则，让农业经营者能够在农产品从生产到销售的各个环节分离出来，这样农业创业者就必然敢于作为。以加快农业产业化进程，以做大农业产业化龙头企业作为重点，不断提高农业市场化、规模化、组织化和标准化水平，充分发挥农民专业合作经济组织职能，引导农业农村经济健康有序发展成为农业创业者的重要活动内容。

【小结】了解市场机遇，是为了能够抓住市场机遇，具备捕捉商机和果断决策的能力是创业者成功的关键。“机会要抓好，决策要及时”现代的农业创业商机无时不有，无处不在。但当商机来临之时能否抓住，关键就取决于创业者是否具有敏锐的洞察力和果断决策的能力。发现商机最根本的一点就是要不断关注市场变化和政策变化。不但要了解市场需求的现状，还要了解这些需求的细微变化以及未来可能的趋势。相信自己的判断，看出商机，果断出手，不要顾虑太多，错过了就再也等不到了。

第二节　农业创业的市场分析

【学习目的】

通过本专题学习使学员提高学会分析市场的能力。

1.了解进行农业创业的市场分析。

2.如何利用农业创业的市场分析结果。

【教学时数】90 分钟

【教学方法】讲授法、案例法、讨论法。

一、市场分析的含义

1.市场分析

市场分析是对市场规模、位置、性质、特点、市场容量及吸引范围等调查资料所进行的经济分析。它是指通过市场调查和供求预测，根据项目产品的市场环境、竞争力和竞争者，分析、判断项目投产后所生产的产品在限定时间内是否有市场，以及采取怎样的营销战略来实现销售目标。农业市场分析就是以农业创业为主题，对农业产业市场规模、位置、性质、特点、市场容量及吸引范围等调查资料所进行的经济分析。市场分析是一门综合性科学，它涉及经济学、统计学、经济计量学、运筹学、心理学、社会学、语言学等学科。市场分析已经成为现代企业管理人员不可缺少的分析技术。

狭义的市场分析就是市场调查研究。它是以科学方法收集消费者的购买和使用商品的事实、意见、动机等有关材料，并予以研究分析的手段。而广义的市场分析就是对从生产者到消费者或用户这一过程中全部商业活动的资料、情报和数据，作系统地收集、记录、整理和分析，以了解商品的现实市场和潜在市场。因此，广义的市场分析不仅是单纯研究购买者或用户的心理和行为，而且还对各种类型的市场营销活动的所有阶段加以研究。

主要内容有：

①市场需求预测分析。包括现在市场需求量估计和预测未来市场容量及产品竞争能力。通常采用调查分析法、统计分析法和相关分析预测法。

②市场需求层次和各类地区市场需求量分析。即根据各市场特点、人口分布、经济收入、消费习惯、行政区划、畅销牌号、生产性消费等，确定不同地区、不同消费者及用户的需要量以及运输和销售费用。一般可采用产销区划、市场区划、市场占有率及调查分析的方法进行。

③估计产品生命周期及可销售时间。即预测市场需要的时间，使生产及分配等活动与市场需要量作最适当的配合。通过市场分析可确定产品的未来需求量、品种及持续时间；产品销路及竞争能力；产品规格品种变化及更新；产品需求量的地区分布等。在工业发展与布局研究中，市场分析有助于确定地区工业部门或企业的发展水平和发展规模，及时调整产业结构；有助于调整产品结构，提高竞争能力；有助于在运输和生产成本最小的原则下，合理布置工业企业。

2.正确理解市场分析的含义

（1）客观性问题。强调调研活动必须运用科学的方法，符合科学的要求，以求市场分析活动中的各种偏差极小化，保证所获信息的真实性。

（2）系统性问题。市场分析是一个计划严密的系统过程，应该按照预定的计划和要求去收集、分析和解释有关资料。

（3）资料和信息。市场分析应向决策者提供信息，而非资料。资料是通过营销调研活动所收集到的各种未经处理的事实和数据，它们是形成信息的原料。信息是通过对资料的分析而获得的认识和结论，是对资料进行处理和加工后的产物。

（4）决策导向。市场分析是为决策服务的管理工具。

二、市场分析的作用及主要内容

1.市场分析的作用

（1）是企业正确制定营销战略的基础。企业的营销战略决策只有建立在扎实的市场分析的基础上，只有在对影响需求的外部因素和影响企业购、产、销的内部因素充分了解和掌握以后，才能减少失误，提高决策的科学性和正确性，从而将经营风险降到最低限度。

（2）是实施营销战略计划的保证。企业在实施营销战略计划的过程中可以根据市场分析取得的最新信息资料，检验和判断企业的营销战略计划是否需要修改，如何修改以适应新出现的或企业事先未掌握的情况，从而保证营销战略计划的顺利实施。

2.市场分析的主要内容

（1）商品分类销售实际分析。

（2）地区类别市场动态分析。

（3）新产品市场销售分析。

（4）消费者购买类型销售分析。

（5）销售费用分析。

三、市场分析在企业经营管理决策中的作用

只有利用科学的方法去分析和研究市场，才能为企业的正确决策提供可靠的保障。市场分析可以帮助企业解决重大的经营决策问题，例如，通过市场分析，企业可以知道自己在某个市场有无经营机会或是能否在另一个市场将已经获得的市场份额扩大。市场分析也可以帮助企业的销售经理对一些较小的问题作出决定，例如，公司是否应该立即对价格进行适当的调整，以适应顾客在节日期间的消费行为，或是公司是否应该增加营业推广所发放的奖品，以加强促销工作的力度。

农业市场分析在经营决策中的重要作用主要有以下4个方面：

第一，市场分析可以帮助农业企业发现市场机遇并为农业企业的发展创造条件。农业企业若想在一个新的市场开辟自己的业务，除了要了解那一市场的市场需要之外，还要了解该市场商业上的竞争对手，这些工作都要通过各种分析手段来完成。只有通过细致的市场调查和分析，企业才有可能对自己的营销策略做出正确的决策，就这点而言，公司的规模越大，市场分析工作也就越显得重要，也就越需要在市场分析方面进行大量的投资。

第二，市场分析可以加强农业企业控制销售的手段。促销活动是农业企业在推销产品过程中的主题活动，然而农业企业如何进行促销活动和选择什么样的促销手段，则要特别依靠市场分析工作。以广告为例，商业广告的途径和种类很多，但究竟哪一种广告的效果好，还需要进行细致的分析研究。比较性广告似乎更容易给消费者留下印象，因为它通过比较两种不同产品的各种功能与特点来突出其中的主题产品。不过，并不是所有的商品都适宜于用比较性广告。因此，何时、何地、在何种情况下企业应该运用比较性广告来宣传自己的产品，就需要进行分析研究。另外，广告向消费者传播以后效果如何，也要通过对产品的销售记录进行分析以后才能得出。

第三，市场分析可以帮助农业企业发现经营中的问题并找出解决的办法。经营中的问题范围很广，包括企业、企业责任、产品、销售、广告等各个方面。造成某种问题的因素也不是那么简单，尤其是当许多因素相互交叉作用的时候，市场分析就显得格外重要。某企业一个时期内销售收入大幅度下降，可是却搞不清问题是出在下调了的价格上还是出在广告的设计上，于是市场分析就只能从两个要点来着手了。根据销售记录，人们发现价格降低以后，销售量并没有明显的增加，说明产品需求的价格弹性小于1，降价的决策是错误的。如果通过对广告效果的调查发现广告媒介的错误导致广告效果不好，那问题就出在广告方面，当然企业销售额大幅度下降的原因也可能出在产品方面，比如产品质量下降或是市场上出现其他企业的优质产品等。

第四，市场分析可以平衡农业企业业主与顾客的联系。市场分析通过信息及对信息的分析和处理把顾客和企业联系起来。正是由于有了这些信息，才使市场分析人员能够确定市场中存在的问题，检查市场营销活动中不适当的策略与方法，同时找出解决这些问题的办法。

【小结】目前，农业市场千变万化，了解农业市场行情就是为了开拓农业市场，也就为获得创业成功奠定了坚实的基础，因此说了解农业创业市场，分析农业创业市场，把握农业创业市场，在农业创业中至关重要。掌握本专题知识就能增强自己的能力，在自己创业过程中就能把握好市场规律进而创立好自己的事业。当然要想做到这一点，还需要加强以下几个专题的学习。

第三节　评估你的市场

【学习目的】

通过学习使学员学会运用科学的方法去评估市场。

1.了解你的顾客。

2.了解你竞争对手的意义。

3.制订市场计划预测你的销售情况。

【教学时数】90分钟

【教学方法】讲授法、案例法、讨论法。

通过前两章创业意识的培训，你已经有了自己创业的确切构思。现在，你需要学习市场营销的知识，衡量你要创办的企业生产的产品或提供的服务有没有市场。市场营销计划指明企业的发展方向，是企业各部门工作的核心和龙头。市场营销工作告诉你谁是你的顾客？他们需要什么？想要什么？需要多少？你怎样去满足他们的需要并从中获取利润。你在制订市场营销计划时，要考虑以下几个方面：

第一，向你的顾客提供他们需要的产品或服务。

第二，为你的产品或服务制定顾客们能够接受的价格。

第三，为你的顾客生产、出售产品或提供服务的场所。

第四，向你的顾客传递有关你的产品或服务的信息，吸引他们购买你的产品或服务。

在这一步，你将学习怎样识别潜在的顾客，了解他们为什么选择购买你的产品或服务，而不去购买你竞争对手的产品或服务。你可以利用这方面的信息准备你的市场营销计划，它将成为你的创业计划中的一个重要部分。为了制订出切合实际的市场营销计划，首先要了解你的顾客和竞争对手的情况，即市场需求和供给两个方面的情况，也就是通常所说的市场调查。

一、了解你的顾客

1.了解顾客的意义

不论你提供的是产品还是服务，最终要推销给你的顾客，因此说顾客是你企业的根本，如果你不能以合理的价格向他们提供他们需要和想要的产品或服务，他们就会到别处去购买。对你感到满意的顾客会成为你的回头客，他们会向自己的朋友和其他人宣传你的企业或服务。让顾客满意就意味着会给你带来更多的销售额和更高的利润。

【提示】没有顾客，你的企业就会倒闭。

顾客购买产品或服务是为了满足不同的需求，他们是为了工作和生活的日常需要，既有物质方面的需要，也有精神方面的需要，还有社会地位等方面的需要正因为有这么多的需要，才产生了形形色色的市场，才产生了这么多的创业机会。

【提示】如果解决了顾客的问题，满足了他们的需要，你的企业就有了利润，才会成功。

2.了解顾客的有关信息

收集顾客的信息，也就是做顾客方面的市场调查，这对任何创业者来说都是很重要的。为了帮助你了解顾客的情况，你可以提出下面这些问题：

你的企业准备满足哪些顾客的需要？把你准备提供的产品或服务列一张清单，并记录顾客需要的产品或服务的种类。你的顾客是男人还是妇女，是老人还是儿童？其他企业也可能成为你的潜在顾客。把所有可能影响你的企业构思的方面写下来。

顾客想要什么产品或服务？每个产品或服务顾客最关心的是哪方面？是规格，是颜色，是质量，还是价格？

顾客愿意为每个产品或每项服务付多少钱（关系到你的企业的利润）？

顾客在哪儿？他们一般在什么地方什么时间购买？

他们多长时间购买一次你的产品或服务，是一年，还是一个月，还是每一天？

他们购买的数量是多少（关系到你的销量）？

顾客数量在增加吗？能保持稳定吗（关系到潜在市场）？

为什么顾客购买某种特定的产品或服务？

他们是否在寻找有特色的产品或服务？

通过做顾客调查，你可以得到上述这些问题的可靠答案，有助于你判断你的企业构思是否可行。

3.收集顾客信息的方法

市场调查的方法多种多样，做顾客需求调查的方式有以下几种：

（1）情况推测。如果你对某个行业很了解，你可以凭自己的经验进行预测进而推测你的市场有多大。

（2）利用行业渠道获得信息。通常，你可以从业内人士那里了解本行业市场大小方面的有用信息。要了解某一产品的市场份额以及顾客的需求和意见并不难，你可以与该产品的主要营销商（批发商）座谈，听听他们怎样说；也可以通过阅读行业指南、报纸、商业报刊和杂志等来了解你需要的信息。

（3）抽样访问你选定的部分顾客。与尽可能多的潜在顾客交流，看一看到底有多少人想买你的产品或服务。

（4）市场调查就像一个侦探故事，你在寻找破案的线索。也许你会发现你的新企业没有多少顾客，那么就要再构思一个不同的创业想法。

二、了解你竞争对手的意义

1.了解竞争对手的意义

对市场进行调查，只了解你的潜在顾客的情况还不够，你还需要了解竞争对手的情况。因为你多半得与提供相同或类似产品或服务的企业竞争，这些企业将是你的竞争对手，只有“知己知彼”才能“百战不殆”。

通过了解竞争对手的情况，你可以认识很多东西。通过了解他们的经营方法，可以帮助你去开拓你的企业构思并努力变成现实。

2.了解竞争对手的有关信息

你可以通过回答下列问题的形式来了解竞争对手的情况：

他们的产品或服务的价格怎样？

他们提供的商品或服务的质量如何？

他们如何推销商品或服务？

他们提供什么样的售后服务？

他们的企业坐落的位置地价是昂贵还是便宜？

他们的生产设备先进吗？

他们的雇员受过专门培训吗？工资福利待遇如何？

他们营销策略怎样，做广告吗？

他们怎样分销产品或服务？

他们的优势和劣势是什么？

把通过调查收集到的信息做一番整理，然后回答下列问题：

成功的企业有相似的运作方式吗？

成功的企业有相似的价格政策、服务、销售或生产方式吗？

就像收集顾客信息那样，以同样的方法分析你的竞争对手。

三、制订市场营销计划

在掌握了顾客和竞争者的情况后，你便可以着手准备你的市场营销计划。

制订市场营销计划的一种方法是从市场营销的4个方面，即产品、价格、地点和促销着手，通常称为“4P方法”。产品（Product）、价格（Price）、地点（Place）、促销（Promotion）4个方面构成了市场营销的整个内容。因为这4个词的英文的第一个字母都是P，所以常把市场营销中的4个方面简称为“4P”。

1.产品

产品是指你计划向顾客销售的东西或服务。你要决定你想出售的产品的类型、质量、颜色和规格等。如果你的企业是服务型的企业，那么所提供的服务就是你的产品。例如，文秘类企业可提供打字、记账和影印等服务项目。

对于零售商和批发商来说，产品是指那些性能、价格和消费需求相近的一类物品。例如，一家商店会把所有水果罐头归为一类。

产品的概念还包含与产品或服务自身有关的其他属性，例如，产品的质量，每个产品的包装，附带的产品说明书，售后服务维修和零配件供应。

请你描述还有哪些属性能使你的产品与众不同。

2.价格

价格是你通过产品要获取的利润。但实际收入还会受到其他因素的影响，如产品打折和赊销。在确定了产品之后，你要为其定价。在制定产品价格时，你必须知道：你的产品的成本,顾客愿意出多少钱买你的产品,竞争者同类产品的价格。

现在，你要收集顾客愿意出的价格；列出竞争者的价格；然后确定你认为合适的价格。

3.地点

地点是指你把自己的企业建在什么地方。如果你计划开办一家零售店或一家服务企业，地点对你来说非常重要，你必须把它设在离顾客较近的地方，这样便于顾客光顾你的店铺。一般来说，如果你的竞争者离顾客近，顾客就不会跑很远的路来你的商店购买。

而对制造商来说，离顾客远近并不是最重要的，最重要的是能否容易获得生产所需的原材料或其他能源。这就是说，工厂或车间应该设在离原材料供应商较近的地方或者能够尽可能获取低成本能源的地方，能获得低租金的厂房对于制造商来说也很重要。

选址也要考虑产品的分销方式和运输问题。仅仅生产好的产品是不够的，你必须要让顾客或经销商方便地得到你的产品。

4.促销

促销是指把你企业的产品信息传递给顾客或市场，吸引他们来购买你的产品。促销通常有3种方法：

（1）广告。向你的顾客提供产品信息，让他们有兴趣购买你的产品。你可以通过报纸或广播做广告。招贴画、小册子、铭牌、价格表和名片也是给你的企业和产品做广告的方法。

（2）宣传。在地方报纸或杂志上刊登介绍你的新企业的文章，从而达到免费促销的目的。

（3）销售促销。当顾客来到你的企业或以其他方式与你接触时，你要想方设法让他们买你的产品。促销的手段很多，例如，你可以用醒目的陈列、展示、竞赛活动吸引顾客，也可以用买一赠一的方式，刺激顾客的购买欲。促销成本较高，为了降低费用，要从美工设计人员，印刷商和其他专业人员那里降低成本。要先了解你的竞争对手使用的促销方法，然后再确定你的企业适合的促销方式。

四、预测你的销售

销售预测是制订创业计划时最重要和最困难的部分。收入来自销售，没有好的销售就不可能有利润，大多数人往往过高估计自己的销售额。因此，你在预测销售时不要过分乐观，应保守一点，留有余地。

做销售预测绝不是一件容易的事，你必须通过市场调查来作出你的销售决定。预测销售有几种基本方法：

你的经验：你可能在同类的企业中工作过，甚至在你的竞争对手的企业中工作过。你应该对市场有所洞察和了解，并用你在这方面的知识来预测你的销售。

【提示】在研究一家现有企业时，如果你要想达到与其相同的销售和利润水平，需要一段时间。

与同类企业相对比：将你的企业资源，技术和市场营销计划与竞争对手的进行比较。基于他们的水平来预测你的企业销售，这可能是最常用并且最行之有效的销售预测方法。

【提示】如果在本地区没有竞争者，到其邻近的地区看看那里的企业是怎样运作的。

实地测试：小量试销你的产品或服务，看看你能销出多少。这种方法对制造商和专业零售商很有效，但不适合于大量库存的企业。

【提示】如果使用实地测试方法，创业的起步规模要小，甚至保持半开工状态，慢慢将企业做大。

预订单或购买意向书：你可以通过要求你提供产品或服务的近期来函来预测你的销售量。如果你的企业客户不多，可以采用这种方法。这种方法适用于出口商，批发商或制造商。你可以用预定单来预测销售。

【提示】这些必须是书面购买意向书，不能相信口头协议。

进行调查：调查访问那些可能成为你客户的人，了解他们的购买习惯。做好调查不容易，你最初打算提的问题一般应先以亲戚、朋友为对象进行初测。分析一下结果，然后判断你提出的问题是否提供了预测销售所需的信息。你不可能访问所有的潜在顾客，所以你需要做抽样调查。

【提示】确定抽样调查的对象要能够代表你潜在的客户群，这点很重要。各家企业以不同方式来决定其销售量，然而，作出一个切合实际的销售预测极为重要，千万不要过高估计。谁都希望自己成功，但必须提醒自己，最初，销售额会低一些，不过有希望逐步提高。

【小结】企业要想成功就得有顾客。一家新开的企业要想引来顾客，必须有自己的特色。也许是它的服务更优，价格更便宜，产品更有特色或地点靠得近。如果你的企业构思不比竞争对手的更好，更有创意，则要改变自己的想法。你可以修改原有方案或挖掘一个新的构思。

你可能要与提供同样或同类产品的其他现有企业展开竞争。这些企业将是你竞争对手，你可以从他们那里获得对你有用的信息。要使企业成功，就要了解你的顾客和竞争对手。获取有关他们的信息称为市场调查，这是需要你在开办企业之前做的一件必不可少的重要工作。

市场调查是向潜在的顾客和竞争者提问题并取得信息。有了这些信息，你就可以围绕产品、价格、地点、促销等四大市场营销要素制订营销计划了。你必须做销售预测，这是创业计划的一部分，也是最困难和最重要的一部分。销售带来利润，没有强有力的销售就没有利润。预测销售是一件不容易但又必须做好的事情。

第四节　组建创业团队

【学习目的】

通过学习使学员能够组建一个高效率的企业团队。

1.了解企业人员组成。

2.学会挑选员工。

3.掌握团队管理知识。

【教学时数】90分钟

【教学方法】讲授法、案例法、讨论法。

农业创业成功与否，人是第一位的，企业是靠人来经营的，产品是靠人来生产和销售的。有什么样的人才就会有什么样的企业。对于创业者来说，选择合适的创业伙伴至关重要，创业团队对事业的发展起到举足轻重的作用。企业创办后你需要为你的新企业做人员计划，组织你的企业人员去实现你的生产、销售计划。为了使你的新企业顺利而成功地运作起来，你必须很好地安排人员。你必须知道你的企业有哪些工作要做，需要哪些人才，需要多少人，一个有效率的企业团队，必须有一支具备各种专业知识和专业技能的员工队伍，最好是能够达到企业利润最大化的创业团队。

每个员工对企业的成功都要发挥作用。要认真对待员工的问题，要考虑员工的职责，懂得如何安排他们的工作，怎样去调动他们的积极性。在这一专题中，你将学习有关员工的挑选，工作安排和组织管理方面的知识。

你的企业人员的组成。微小企业规模不大，一般有下列人员组成：业主，即你本人；企业合伙人；员工；企业顾问。

一、业主本人

在大多数微小企业中，业主就是经理。只有业主（经理）可以行使以下职责：

（1）开发创意，制订企业目标和行动计划。

（2）组织和调动员工实施行动计划。

（3）确保计划的执行，使企业达到预期的目标。

（4）确定员工薪金水平。

企业创办人也就是业主要学会用人之长，容人之短，充分尊重角色差异，找到与角色特征相契合的工作，发挥每个员工的个体作用。在计划开办新企业和制定企业计划时，你要考虑自己的经营能力，要明确哪些工作可以由你自己去做，哪些工作是你既没能力也没时间去做而需要下面的人去做的。如果你需要一个经理，就要考虑他应具备的能力和经历。向其他有经验的业主请教，看看他们是如何管理企业和员工的。

二、企业合伙人

如果企业不止一个业主，这些业主将以合伙人的身份与你共享收益，共担风险。他们将决定彼此如何分工合作。也许一个人负责销售，另一个负责采购，还有一个主抓管理。

要管理好一个合伙制企业，合伙人之间的交流和沟通很重要，一定要透明和诚恳。合伙人之间意见不一致时要全方位沟通，求大同存小异，否则往往会导致企业的失败。因此，有必要准备一份科学合理的企业管理规章制度，使每个业主都要共同遵守并且分工明确。

三、员工

你不可能有时间或能力把所有的工作都承担下来，这就需要别人来分担，这就要招聘员工，让员工来完善你的企业工作。最小的企业可能只需要雇1～2个工人。有的企业却需要雇佣更多的全时员工。为了雇到合适的员工，要考虑以下几点：

（1）参照你的企业构思，把该做的工作列出来。

（2）明确哪些工作你自己做不了。

（3）员工所做的工作，要详细说明必须具备的技能和其他要求。

（4）决定完成每项工作需要的人数。

（5）要向员工（包括业主本人）支付的工资。

当你知道你需要招聘员工后，要把岗位的工作职责写出来。岗位职责要明确规定某一特定领域里要做的工作。这样做有如下好处：

员工将明确知道企业需要他们做什么应该做什么。

作为经理，你将用其衡量员工的工作绩效。

要根据岗位职责来聘用企业员工。能招聘到有适当技能，有工作积极性的员工对你来说是很重要的，尤其是适合你企业的员工。在录用员工前，你要面试所有的应聘的人选。提问很有技巧，通过向参加面试的人员提问下面这些问题，你可以掌握应聘人员的大量情况：

你原来在哪儿工作？具体做什么工作？你为什么想来本企业工作？你希望得到什么职位？你认为你有哪些优点和弱点？你怎样支配业余时间？有什么兴趣爱好？你喜欢和别人一起工作吗？如果有人对你态度不友好，你会做出怎样的反应？

要多提些问题，以便了解应聘人员更多的情况。最后向所有参加面试的人员提供信息录用的信息，不管他们是否被录取。

四、你的企业顾问

各种咨询意见对所有企业家都有意义。因为你不可能是所有企业事务方面的专家和万事通。

认准那些对你有过帮助而且将来还可能扶持你的行业专家，包括专业协会会员，会计师，银行信贷员、律师、咨询顾问和政府部门专家。你都可以考虑从一些企业、贸易和教育机构那里获得帮助、信息、咨询意见和培训。

大多数微小企业雇员不多，组织结构很简单。大一些或复杂一些的企业也许要建立若干部门。一个成功的创业团队成员组成需要这几方面的才能：会当家的，能算账的，懂技术的，跑市场的。当然，作为微小企业来说可能需要一专多能，减少人员组成。

【小结】微小企业的人员组成有合伙人、员工、顾问和你自己，这些人都将影响企业的成败。你要管好企业，就要慎重地选择人员，要明白他们各自的角色和岗位。一个有效率的企业要组织得严谨，让所有员工知道自己必须做什么以及完成任务所需要的技能。认真搞清你所需要的人员，为全体职工建立岗位责任制，你的企业管理起来就会容易得多。

第五节 预测创业利润，筹措创业资金

【学习目的】

通过学习使学员掌握预测利润的方法，了解筹措资金的技巧：

1.学会测算企业创办利润。

2.掌握资金来源渠道。

【教学时数】180分钟

【教学方法】讲授法、案例法、讨论法。

在这一专题里，你将学习如何测算创办企业的利润，并学会掌握筹措创办企业所需的资金。

一、启动资金的类型

启动资金，是指用来支付场地（土地和建筑）、办公家具和设备、机器、原材料和商品库存、营业执照和许可证、开业前广告和促销、工资以及水电费和电话费等费用。简言之，启动资金就是能够维持企业正常运转的基本资金。企业只要能够正常运转，启动资金占用的越少越好。

启动资金可以归为两类：

投资固定资产，是指你为企业购买的价值较高、使用寿命较长的资产。有的企业用很少投资就能开办，而有的却需要大量的投资才能启动。明智的做法是，把必要的投资降到最低限度，让企业少担些风险。然而，每个企业开办时总会有一些投资，并且不同类型的企业启动资金占用的多少和比例也不尽相同。

投资流动资金指维持企业日常正常运转所需要支出的资金。

二、投资（固定资产）预测

开办企业需要的大宗并且不会在短时期内收回的资金。开办企业时，你必须具备这部分资金，而且需要今后多个营业周期的经营才会收回这部分资金。因此，在开办企业之前，有必要预算一下你的企业投资到底需要多少资金，这是开办企业必须首先具备的。

你的投资一般可以分为两类：

企业用地和建筑。

企业必备的设备。

1.企业用地和建筑

办企业或开公司，都需要有适当的场地和建筑。也许是用来开工厂的整个

建筑，也许只是一个小工作间，也许只需要租一个铺面。如果你能在家开展工作，就能降低这部分投资。在前面谈到营业地点问题时，你已经决定在哪里开办你的企业。现在要进一步了解你的企业具体需要什么样的场地和建筑物了。

当你明确需要什么样的场地和建筑物时，需要作出以下选择：

（1）建造新的建筑。

（2）购买现成的建筑。

（3）租赁你需要的建筑。

①造房。如果你的企业对场地和建筑有特殊要求，最好建造自己的厂房，但这需要大量的资金和时间。

②买房。如果你能在优越的地点找到合适的建筑，则购买现成建筑既简单又快捷。但现成的房子往往需要经过改造才能适合企业的需要，而且需要花大量的资金。

③租房。租房比建造厂房和购买厂房所需要的启动资金要少，这样做也比较灵活。如果是租房，当你需要改变企业地点时，也会容易得多。不过租房不像自己有房那么安稳，而且你也得花些钱进行装修才能适用。

④在家开业。在家开业最便宜，但即使这样也少不了要做些调整。在你确定你的企业是否成功之前，在家开业是起步的好办法，因为占用资金较少，待企业成功后再租房和买房也不晚。但在家工作，业务和生活难免互相干扰。

2.设备

设备是指你的企业正常运转所需要的各种机器、工具、设备、车辆、办公家具等。对于制造商和一些服务行业，最大的需要往往是设备。一些企业需要在设备上大量投资，因此，了解清楚需要什么设备以及选择正确的设备类型就显得非常重要。即使是只需要少量设备的企业，也要慎重考虑你确实需要哪些设备，并把它们写入创业计划，可能的话，租赁一些必须设备也可以降低启动资金的数量。

三、流动资金预测

你的企业开办起来以后需要运转一段时间才能有销售收入。制造商在销售之前必须先把产品生产出来；服务企业在开始提供服务之前要先买材料和用品；零售商和批发商在卖货之前必须先买货。所有企业的产品在得到顾客接受之前必须先花时间和费用进行促销。总之，你需要流动资金支付以下开销：

购买并储存原材料或成品；必要促销；支付工资；支付租金；支付保险和许多其他费用。

有的企业需要足够的流动资金来支付6个月的全部费用，也有的企业只需要支付3个月的费用。这你要根据企业类型或规模进行预测，在获得销售收入之前，你的企业能够支撑多久。一般而言，刚开始的时候销售并不顺利，因此，你的流动资金需要计划周密些。

为了做好周密计划，你需要制订一个现金流量计划。它会帮助你更准确地预测你所需要的流动资金。根据这个现金流量计划，你可能还需要再修改启动资金里的流动资金数额。

1.原材料和成品储存

制造商生产产品需要原材料；服务行业的经营者也需要些材料；零售商和批发商需要储存商品来出售。你预计的库存越多，你需要用于采购的流动资金就越大。既然购买存货需要资金，你就应该将库存降到最低限度。

如果你是个制造商，你必须预测你的生产需要多少原材料库存，这样你可以计算出在获得销售收入之前你需要多少流动资金。如果你是一个服务商，你必须预测在顾客付款之前，你提供服务需要多少材料库存。零售商和批发商必须预测他们在开业之前，需要多少商品库存。

【提示】如果你的企业允许赊账，资金回收的时间就更长，你需要动用流动金更多。

2.必要的促销

新企业开张，需要宣传自己的商品或服务，而促销活动需要流动资金。在第三步中你已经做了促销计划并预算了促销费用。

3.支付工资

如果你雇用员工，在起步阶段你就得给他们付工资。你还要以工资方式支付自己家庭的生活费用。计算流动资金时，要计算用于发工资的钱，通过用每月工资总额乘以还没到达收支平衡的月数就可以计算出来。

4.支付租金

正常情况下，企业一开始运转就要支付企业用地用房的租金。计算流动资金中用于房租的金额，用月租金乘以还没达到收支平衡的月数就可以得出来。而且，你还要考虑到租金可能一付就是3～6个月，会占用更多的流动资金。

5.支付保险

同样，企业一开始运转，就必须投保并支付所有的保险费，这也属于流动资金。

6.支付其他费用

在企业起步阶段，还要支付一些其他费用，例如,电费、文具用品费、交通费等。

到此，你应该对自己的企业构思感到高兴了。因为你已经衡量了你的企业构思，了解了你的市场，预测了你的销售量，计算了你需要的启动资金。现在，你要关注你的企业怎样挣钱的问题，这对企业的成败至关重要。学完这一步，你将对下列主要问题作出决策：

（1）制定销售价格。你卖出的东西，要顾客付多少钱。

（2）预测销售收入。你能从前12个月的销售中挣到多少钱。

（3）制订销售和成本计划。看看你是挣钱，还是赔钱。

（4）制订现金流量计划。你是否有足够的资金保证企业正常运转。

四、制定销售价格

在确定产品价格之前，要计算出你为顾客提供产品或服务所产生的成本。每个企业都会有成本。作为业主，你必须详细了解经营企业的成本。

很多小企业和大企业因为没有能力控制好企业的经营成本而陷入财务困境。一旦成本大于收入，企业将会陷入困境甚至破产。

制定价格主要有两种基本方法：

成本加价法。将制作产品或提供服务的全部费用加起来，就是成本价格。在成本价格上加一个利润百分比得出的是销售价格。

竞争价格法。在定价时，除了考虑成本外，你还要了解一下当地同类商品或服务的价格，以保证你的定价具有竞争力。如果你定的价格比竞争者的高，你要保证你能更好地满足顾客的需要。

当你在第三步中制订你的时常营销计划时，你已经初步确定了你的产品或服务的价格水平。现在，你要更准确地制定你的产品或服务的销售价格。

1.成本加价法

将制作产品或服务的成本加起来，得出总成本，然后再加上一个利润百分比的出销售价格。这种方法尤其适用于制造商和服务商。

如果你的企业经营有效，成本不高，用这种方法制定的销售价格在当地应该是具有竞争力的。但是，如果你的企业经营不好，你的成本可能会比竞争者的高，这意味着你用成本加价法制定的价格会太高，而不具有竞争力。

怎样具体地计算成本：

首先，你要了解自己生产产品或提供服务的成本构成。

其次，你要了解固定资产折旧也是一种成本。

最后，计算出单位产品的成本价格。

了解自己的成本构成：

对于一个新企业来说，预测成本绝对不是一件容易的事。最好的方法是，参照一家同类企业，了解一下该企业计入了哪些成本。当你在第七章中预测你的企业启动资金时，你已经对这些成本有所了解。表2-1是企业常见的成本项目。

表2-1　企业成本项目

材料费	工资和职工福利
办公文具和邮费	广告费
租金	律师和会计事物
水费、电费、气费	燃料费
维修费	折旧费
银行收费	电话费
保险费	营业执照费

所有企业都有两种成本。有些成本是不变的，比如：租金、保险费和营业执照费，这些成本叫做固定成本。另外，一些成本随着生产或销售的起伏而变化，如材料成本，这些成本是可变成本。

对于制造商或服务商来说，可变成本就是制造产品或提供服务的成本。例如，一个面包师要购买面粉、酵母和牛奶等原材料做面包；一个零售商要买进其出售的商品；一家食品店要买存货，如大米和饼干等。

预测成本是，你必须认真区分可变成本和固定成本。你的材料成本永远属于可变成本。如果还有其他可变成本，你必须知道这些成本是怎样随着销售的增长而变化的。

折旧是一种特殊成本：折旧是由于固定资产不断贬值而产生的一种成本，例如，设备、工具和车辆等。它虽然不是企业的现金支出，但仍然是一种成本。

由于折旧是针对固定资产而做的。因此，你需要计算固定资产（有较高价值和较长使用寿命的资产）的折旧价值。在大多数小企业里，能够折旧的物品为数不多。

根据中国的税法，以下折旧率适用于大多数企业（表2-2）。

表2-2 企业固定资产折旧率

固定资产类型	每年折旧率
工具和设备	20%
机动车辆	10%
办公家具	20%
店铺	5%
工厂建筑	20%
土地	无

计算单位产品或服务的成本价格：

算出一个月的总成本，再除以当月的产品数量，就能得出你的产品或服务的单价。

2.竞争比较价格

这是确定价格的另一种方法。参照竞争对手的价格，看看你定的价格与他们的相比是不是有竞争力。

实际上可以同时用成本加价和竞争比较这两种方法来制定价格。一方面，你要严格核算产品成本，保证定价高于成本；另一方面，你应随时观察竞争者的价格，并与之比较，以保持你的价格有竞争力。

【提示】要比较同类价格。不要拿制造商的销售价和商店的零售价进行比较。

在产品或服务定价时，有一件事对你来说可能是难以预料的，即你的竞争对手对你这家新生企业的反应。有时，当一家新企业进入市场时，竞争对手的反应是很激烈的。他们也许会压低价格，使新企业难以立足。所以即使你的企业计划做得很完备，也总会面临一些意外的风险。

另外，还有一种方法——撇脂定价：是指把新产品的价格定得很高，以求在短期内把本钱赚回来的定价策略。

第一，市场购买力很强、对价格不敏感的消费者。

第二，这样的一批消费者的数量足够多。

第三，暂时没有竞争对手，本产品有明显的优势。

第四，当有竞争对手加入时，能转换定价法，提高竞争力。

第五，本企业的品牌在市场上有传统的影响力。

在上述条件具备的情况下，企业就采取撇脂定价法。

例如：早熟农产品，汽车业，家电业等奢侈品行业。

五、预测销售收入

在第三章中做市场调查时，已经对销售额做了预测。现在可能还需要再核实一遍，看看你提出的数字是否切合实际。

在计划新企业时，知道一定量的销售能带来多少收入，称为销售收入预测。为了预测销售收入，请采取以下步骤：

列出你的企业推出的所有产品或产品系列或所有服务项目。

预测第一年里每个月你期望销售的每项产品数量，它来自于你所做的市场调查。

为你计划销售的每项产品指定价格。

用销售价格乘以月销售量来计算每项产品的月销售额。

预测销售和销售收入是准备创业计划中最重要和最困难的部分。大多数人都会过高估计自己的销售，因此，你在预测销售时不要太乐观，要求实际。千万要记住，在开办企业的头几个月里，你的销售收入不会太高。

六、制订销售成本和销售利润计划

仅仅知道自己的销售收入是不够的。为了掌握企业实际运转的情况，你一定要计算你的企业是不是有了利润。只有这样，你才能准确地知道你的企业是否在挣钱。利润来自销售收入减去企业经营成本。销售成本是指已销售产品的生产成本或已提供劳务的劳务成本以及其他销售的业务成本。

销售成本包括主营业务成本和其他业务支出两部分，其中，主营业务成本是企业销售商品产品、半成品以及提供工业性劳务等业务所形成的成本；其他业务支出是企业销售材料、出租包装物、出租固定资产等业务所形成的成本。

对于主营业务成本，应以产品的销售数量或提供的劳务数量和产品的单位生产成本或单位劳务成本为基础进行确认，其计算公式为：

主营业务成本=产品销售数量或提供劳务数量×产品单位生产成本或单位劳务成本销售利润率

销售利润率是衡量企业销售收入的收益水平的指标。属于赢利能力类指标，其他衡量赢利能力的指标还有资产收益率、权益净利率、已占用资产回报率、净现值、内部收益率、投资回收期等。

其计算公式：销售利润率=主营业务利润总额/营业收入×100%

俗称销售利润率为毛利率，只是口头上的一种表述。实际上，销售利润率与销售毛利率是不同的两个指标，因为前者已剔除了期间费用，后者仍包含期间费用（如管理费用、财务费用等）。

从两者公式可以看出：

销售利润率＝利润总额/营业收入×100％

销售毛利率＝（营业收入－营业成本）/营业收入×100％

利润总额＝营业收入－营业成本－费用

因此，可以看出销售毛利率一般大于销售利润率。

销售成本计划可以使你既能看到销售也能看到成本，并知道你是否在赢利。当你计划开办一家新企业时，你应该预测第一年中每个月的利润。

七、制订现金流量计划

现金就像是使企业这台发动机运转的燃料，有些企业主由于缺乏管理现金流量的能力，导致企业经营中途抛锚。现金流量是计划显示每个月会有多少现金流入和现金流出。预测现金流量计划将帮助你的企业保持充足的动力，使你的企业在任何时候都不会出现现金短缺或现金的浪费。

在大多数企业中，每天都要收取和支付现金，成功的企业主要都是通过制定现金流量计划来科学合理的控制现金流量。当然，制订现金流量计划绝非易事，下列因素是制订现金流量计划时必须考虑的。

有些销售需要赊账，赊销通常在几个月以后才能收回现金。当你在制订市场营销计划时，你已经决定了赊销策略，现在，你要考虑到这个因素。

有时企业采购会赊账，以后再付现金，这也会使现金流量计划的制订变得更加复杂。但赊购对于一个新的企业而言不太可能，因而也就不太常见。

企业的某些费用是“非现金”的，如设备折旧这样的项目将不包括在现金流量计划里。但是，当设备折旧期一过，就可能丧失功能，你必须用现金购买新设备。如果你没有考虑到这个因素，备足现金，将会给你的企业正常运转带来麻烦。

通过制定现金流量计划，会使你时常确定自己的流动资金需求。现金流量计划有助于确保你的企业在任何时候都不会发生无现金经营的窘境。

八、资金来源

你已经确定了你的企业所需的启动资金额，现在，你要考虑从哪里筹措到这笔资金。对于大多数微小企业来说，启动资金来自业主自己的积蓄和其他渠道。

1.用好自有资金或资产

创业之初，创业资金主要的也是最可靠的来源是自有资金。在现有的经济形势下，将自有资金存到银行获取利息的做法越来越不可行了，资金的增值太慢，甚至还存在资金贬值的现实，利息的增长往往赶不上CPI的增长速度，如果你把这部分闲散资金利用起来，将会实现资金的利润最大化。还可以将自己的动产或不动产变成创业资金，这就变成了创业筹集资金的渠道。

2.敢于借贷资金并争取政策扶持

打破传统的筹集资金的观念，敢于借贷。借贷资金有两种方式：一是向亲友借贷，二是向银行借贷，创业初期，资金紧张，向亲友借款，把他们的闲散资金利用起来可以增加你的启动资金；还可以利用政府以及金融机构的扶持政策筹措资金，争取政策的最大支持，作为调节产业导向的有效手段，各地政府部门为有发展前途的高科技人才提供免费的创业园地的同时，每年还会拿出数目相当可观的扶持资金，用于支持农业创业，不妨去当地政府和银行争取这样的政策扶持，一旦成功，资金问题就会迎刃而解。

3.从银行或金融机构贷款

银行或其他金融机构是正规金融部门，从他们那里申请贷款主要有这么3种形式：

（1）抵押贷款：借款人向银行或金融机构提供一定的财产作为信贷抵押。

（2）信用贷款：以借款人的信誉发放的贷款，借款人不需要提供担保。

（3）担保贷款：以担保人的信用为担保而发放的贷款。

一般情况下，借款人贷款时需要经过严格的贷款条件的审查程序：

首先，它们通常要求你填一份贷款申请表，并在表后附上你的创业计划。

其次，银行一般需要贷款抵押品或质押品，如私人房产、银行存单、有价证券等。如以私人房产作抵押，还要办理房产价值评估以及公证等手续。而且，银行或金融机构为了降低风险，一般不会按抵押品的实际价值给你贷款。它们通常要确保抵押资产的价值高于你的贷款和未付利息额。如果你的企业失败了，你将失去这些个人资产。可见，向正规金融部门贷款是不易的。即便是你有抵押品，借贷机构还是会提出不同的利率和贷款条件。

在寻找资金开办企业时，为了获得最好的贷款条件，要多了解几个渠道。目前，为了帮助小企业家创业，国家正在制定各种相关法规和政策，为小企业家创造宽松的环境。其中，建立小额贷款信用担保基金和担保体系，就是为了解决小企业融资难的有效措施。同时，为鼓励下岗失业人员创业，国家还专门为下岗失业人员提供小额贷款的担保基金。你在寻找资金时，也可以寻求这些信用担保体系的帮助。另外，还可以通过赊购供货商原材料，合伙集资，股份制经营等其他渠道筹措资金。总之，只要筹集到足够的启动资金，你的企业就可以创办了。

【小结】当计划开办一个新企业时，你要计算一下所需要的启动资金总额。这笔钱将用于：

固定资产投资：指价值较高，使用寿命比较长的物品。

流动资金：指企业运转所需的日常开支。一般来说，在销售收入能够收回成本之前，微小企业事先至少要准备3个月的流动资金。为了预算更加准确，你必须制订一个现金流量计划。下一步将介绍怎样指定现金流量计划。计算你开办新企业所需要的启动资金，要按下列步骤去做：

制定出你向顾客提供产品或服务的销售价格，其依据是你从市场营销分析中收集的价格信息。要先计算产品或服务的成本再定销售价格。

预测前12个月的销售收入。

制订销售和成本计划，看看你是在挣钱还是在亏本。

制订现金流量计划，看看你是否有足够的现金来满足流动资金的需要。

现金流量计划与销售成本计划之间的一些主要不同点（表2-3）。

表2-3 现金流量计划与销售成本计划之间的不同点

比较 项目	销售和成本计划	现金流量计划
折　旧	包括	不包括
贷款利息	包括	包括
贷款本金	不包括	包括
销　售	当月有订单的记录销售（赊销和现金）	当月收到现金的记录销售

通过修改销售成本计划与现金流量计划，你能够更准确地确定开办企业

所需要的资金。如果你需要贷款，请认真考虑这笔钱的渠道。对于大多数新开办的小企业而言，启动资金来源于业主自己的积蓄。开办企业的资金渠道不多。因此，要获得开办企业的贷款，需要恒心和决心。重要的是修改好你的创业计划。

第六节 风险的识别与防范

【学习目的】

通过学习使学员了解农业创业风险有哪些，如何去防范创业风险。

1.了解什么是创业的风险，如何识别风险，各种风险对创业者所产生的威胁有哪些方面。

2.探索农业创业者控制风险、规避风险的措施。

【教学时数】90 分钟

【教学方法】讲授法、案例法、讨论法。

一、创业风险是怎么产生的

风险是指人们不能确定行为所导致的结果的状况及其程度。农业创业和其他类型的创业一样，会遇到各种各样的风险。如何面对这些风险?怎样回避、降低自己的经营风险和经营成本?需要创业者对风险的种类进行识别和初步判断，及早采取预备的创业方案。

在创业过程中，创业环境的不确定性，创业机会与创业企业的复杂性，创业者、创业团队与创业投资者的能力与实力的局限性，是创业风险的根本来源。研究表明，由于创业的过程往往是将某一构想或技术转化为具体的产品或服务的过程，在这一过程中，存在着几个基本的、相互联系的缺失，它们是上述不确定性、复杂性和局限性的主要来源，也就是说，创业风险往往直接来源于这些缺失。这些缺失主要包括：

1.资金缺失

有钱的创业不一定能够成功，而没有钱创业一定不能够成功；创业者可以在理论上证明其构想的可行性，但真正实践起来却存在很多不确定性，往往没有足够的资金或存在很多不可操作性很难将其变为创业现实，这就给创业带来一定的风险。

2.论证缺失

论证缺失主要是指创业者仅凭个人兴趣去研究和判断市场的潜力，当一个创业者认为某项技术突破可能产生某种创业机会时，他仅仅停留在自己满意的论证程度上。然而，在将创业预想真正转化为创业行为时，由于产品成本与预期收益的落差、实际消费和市场预期容量的落差，产品或服务不被市场认知等不确定因素，这种程度的论证便不可行了，这种论证的缺失导致了创业风险的产生。

3.信息和信任缺失

信息和信任缺失存在于技术人员和创业者之间。也就是说，创办一个企业，需要不同类型的人一起共同合作，需要拥有技术人员、管理人员等。技术人员将会提供可靠的技术信息，管理人员将会采用一定的管理模式。两者在实际工作中有时会因岗位的信息差异而产生意见分歧。一个好的创业者需要具备性格、专业知识、领导能力、创新意识、协作精神等多种素质，如果创业者某些方面的素质不具备或存在较大的欠缺，不能协调这些冲突，会增加企业的风险，增加失败的可能。如果技术人员和管理人员之间不能充分信任对方，或者不能够进行有效的交流，那么这一缺失将会变得更深，从而带来更大的风险。还存在一种情况，信息的来源也决定了信息的可信度，目前，信息的来源太广，尤其是许多网上信息鱼目混珠，甄别信息的真假就存在很多风险。

4.资源缺失

资源的差别也给创业者带来不同的风险，有的地区自然资源匮乏，从而增加了创业的难度；有的地区自然资源不缺而人才资源缺乏，也给创业带来很大风险。资源与创业者之间的关系就如同颜料和画笔与艺术家之间的关系。没有了颜料和画笔，艺术家即使有了构思也无从实现。创业也是如此，没有所需的资源，创业者将一筹莫展，创业也就无从谈起。在大多数情况下，创业者不一定也不可能拥有所需的全部资源，这就形成了资源缺失。如果创业者没有能力弥补相应的资源缺失，要么创业无法起步，要么在创业中受制于人。

5.管理缺失

管理缺失是指创业者有可能是位出色的经营者，但不一定是位出色的管理者。具备出色的市场开拓能力不一定具备出色的管理才能。创业活动主要有两种：一是创业者利用某一新技术进行创业，他可能是技术方面的专业人才，但却不一定具备管理才能，从而形成管理缺失；二是创业者往往有某种“奇思妙想”，可能是新的商业点子，但在整体规划上不具备相应的才能，或不擅长管理具体的事务，从而形成管理缺失。管理的缺失往往会给企业长远发展带来很深的隐患。

二、农业创业风险的分类

农业企业的生产运营过程集自然再生产和经济再生产于一体，这导致农业企业面临的风险具有自身的行业特征。按照风险形成的不同层次，农业企业的风险可分为以下6个方面：

1.自然风险

农产品生产的周期性、自然灾害的客观存在、农业生产力水平较低，这些都会给农民创业带来风险。有些自然灾害是可以避免的，有些是不可避免的，农民单家独户所面临的风险更大。这些自然灾害对农业产业公司的威胁可能会是带来灭顶之灾。自然风险主要划分为两个方面：

（1）自然资源风险。自然资源风险可以理解为正常条件下的自然环境风险。农业企业生产的自然特性与其所固有资源的量、质和地理位置都密不可分，并在很大程度上直接决定了农业企业经营业绩的好坏。

在数量方面，相关资源的短缺（如水资源和土地资源）会严重影响农业企业的生产营运。在质量方面，环境污染对资源质量所带来的不利影响会从根本上影响农业企业的经营效益。与此同时，资源的地理位置也直接决定了农业企业的营运成本，距离越远运输成本越高，交通不便也会使成本提高。

（2）自然灾害风险。自然灾害风险可以理解为异常条件下的自然环境风险。由于农业的生产与自然条件联系非常密切的特性，自然因素对农业的影响相比其他行业更为敏感和严重。我国是世界上两条重灾多发地带（即北半球中纬度重灾带和太平洋重灾带）都涉及的国家，气候变化大，灾害种类多且发生频繁，这些都给农业生产带来了巨大的损失。近年来，我国每年农田受灾面积达0.467亿公顷以上，受灾农作物面积占农作物播种总面积的20%～35%，造成粮食损失200亿千克。其中，干旱、洪涝、冻灾、寒害是我国最主要的农业天气灾害。据民政部公布的最新统计数字，截至2008年1月31日，我国2008年1月10日以来的低温雨雪冰冻灾害，共造成18个省份受灾，农作物受灾面积达727.08万公顷，因灾直接经济损失537.9亿元。2010年到2011年上半年山东等地60年一遇的严重干旱就属于自然灾害风险。自然灾害一方面会影响农业企业的产量；另一方面还会影响农业企业的产品质量，同时，还会增加农业生产的成本，这些都会增加农业企业的风险，造成农业企业效益不稳定。

2.技术风险

技术风险，是指由于农民缺乏农业技术或不了解某些技术在应用后产生的不确定副作用，对农业生产经营活动所造成的损失。技术风险轻者可以造成减产、效益下降，严重者造成绝收，从而血本无归。

农业的技术风险来自于农业技术经济绩效的不确定性、农业技术应用的复杂性和农民素质状况。过去小农式的自给自足的生产方式，靠“干中学”的经验来控制风险，这一问题尚不突出。但从20世纪80年代中期开始，高新技术农业开始出现，农业大量使用新设备、新技术，但技术服务队伍和组织机构缺位，新的农业技术推广体系还未完全形成。随着农业市场化步伐的加快，农民对科技的需求量大幅度增加，农业生产越来越依靠新技术、新产品，农业经营者的技术风险日益加大，对农产品质量标准、生态环境和能源的要求越来越高，经营这类产品的风险也在相对提高。

对新技术理解的偏差和操作的失误都可能对农业生产造成直接经济损失和灾难性的后果。例如对家禽行业来说，疫病控制就是养殖成败的关键问题之一，只有解决了疫病问题，才能够保证产品进入市场、进入竞争。因此，在生产中所运用的疫病防控策略、措施和方法不得当，是产生经营风险的重要因素。

3.市场风险

农户还面临产品销售不畅、价格偏低、价格不稳定或者受到竞争对手的挤压而带来的市场风险。形成市场交易风险的原因主要包括两个方面。

由于谈判力量不对等而导致价格波动的风险。谈判力量不对等是指在市场交易双方的拉锯战中，谈判力量强弱悬殊比较大，谈判力量强的一方在交易中处于主动地位，控制（决定）市场交易行为，谈判力量弱的一方在交易中处于被动地位，往往服从市场交易行为。农民与大的收购方在价格的谈判力量上就是这种极不对等的关系，而且农产品受自然条件影响大、生产周期长等特点，导致农户在经营过程中除了一直难以摆脱市场价格波动的纠缠外，还会受到强势谈判的制约。

以家庭小规模生产为主体的农户，在信息不完全与信息不对称的双重制约下显得无所适从，从而降低了市场效率，弱化了农民的利益谈判地位。伴随着中国入世与农业市场化开放程度的不断提升，农业生产经营活动在获取了更广阔的市场空间的同时，将面临着更大市场波动的风险。而农业日趋明显的边际报酬递减趋势，使农业投入产出效率的获取面临着比非农业产业更大的市场风险。

4.订单风险

农产品订单是指农户根据其本身或其所在的乡村组织同农产品的购买者之间所签订的订单，组织安排农产品生产的一种农业产销模式。但是农民往往处在弱势群体的地位，由此产生了订单风险。

在农业现代化过程中，农业订单的经营主体之间的联系或紧密或松散，而合同是受法律严格保护的。但是，如果缺乏浓厚的法律氛围和公民法律意识普遍淡薄，违约就会产生。在有的情况下，当签订合同后，如果市场价格高于合同价格，农民往往不将农产品出售给龙头企业，而是直接到市场上去出售，从而使签约的龙头企业遭受损失。由于这种行为通常涉及面很大，加之农民是弱势群体，在“法不责众”的惯例下，法律监督往往难以奏效。而且这种行为也在龙头企业身上时有发生，当市场价格低于合同价格时，龙头企业也可能违约，不按既定的合同收购经营主体的农产品，而是到市场上去交易。而当企业不执行合约时，由于关系的作用和地方出于保护税源的目的“地方保护主义”，企业被惩罚的概率也相当小。这种合约中的“机会主义”行为严重地损害了农业创业者的运行效率，产生了很大的交易风险。

5.农资及其价格风险

农资价格风险主要指两个方面：一方面是假冒农药、化肥、农膜、农机具等农用生产资料，充斥农村市场，给农业经营主体带来的损失；另一方面是农资价格上涨造成的损失。据调研，农民每年因假冒的农资造成的损失占农民年收入的10%～15%；因农资价格上涨造成的损失约占农民年收入的13%。

根据资料显示，2007年10月份以来，化肥市场“涨”声一片，特别是从2008年3月20日的监测数据来看，化肥价格大幅度持续上涨，与2006年同期价格相比，含氮46%的国产尿素零售价格每吨上涨了200元，上升幅度为11%；国产45%通用型三元复合肥每吨上涨了1 200元，上涨幅度为63%；种子、化肥、农药、农膜价格的涨幅分别为18%、20%、18%和40%；2007年前三季度农业生产资料价格平均比2006年同期上涨了4.6%，其中饲料价格上涨4.2%，仔猪价格上涨48.7%，农药价格平均上涨2.5%，农用机油价格上涨6.5%，种子价格上涨7.7%，农用薄膜价格上涨8.9%，玉米、豆粕和进口鱼粉价格分别上涨20.7%、42.6%和8.2%，育肥猪、肉鸡和蛋鸡配合饲料价格分别上涨22.6%、19.4%和18.8%。

从各方面的市场反馈来看，全国农资市场普遍涨价。不仅生产商反映成本上升推动出厂价格上升，产销链条末端的经销商也反映农资价格“涨”声一片，生产资料的价格上涨吞噬掉了农产量和农产品价格上涨所带来的利润空间，影响农民增收和农民对农业的投入，带来了农业效益的波动，遏制了农业增效的潜力。农民已经感受到了涨价带来的压力，但要把涨价带来的压力转移到出售农产品的环节并不是一件容易的事情，应警惕农资涨价影响农民增收。

6.其他风险

（1）资产风险。目前，农业市场化程度提高，在规模扩大的同时投入增加，而农业投资具有锁定性，农业固定资产的专用性导致农业经营的风险，造成沉没成本加大，从而产生资产风险。如投入建设一个养鱼池，就只能用来养鱼，要马上转作其他用途是不行的，那么养鱼池的成本就是沉没成本，具有不可逆性，永远也无法回收，这给农业企业的生产带来了损失。

（2）观念风险。一般而言，管理者风险意识淡薄、忽视危机的征兆、不重视对风险的监测都是企业未能对不确定性做出恰当和及时的反应的原因。目前，我国大多数农业企业起步较晚，且以小型企业居多，对加强风险管理没有给予足够的重视。可以说，风险观念不强是农业企业不可忽视的一个问题。

三、如何规避农业创业风险

创业风险贯穿在整个创业过程，创业者在经营运作中，首先应搞清楚哪些风险对效益影响最大，在管理过程中时时控制住这些影响效益的因素，掌握最新的行业信息并及时作出调整，将风险控制在可接受的范围内。有关资料表明，自然风险占农业经营风险的25%左右，市场风险约占40%，技术约占25%，其余的约占10%。因此，对农业创业者而言，在风险的规避和防范时，可以从战略和战术两个方面积极应对创业过程中的风险。

（一）防范和减轻风险的战略措施

1.用足优惠的农业政策资源

在一定程度上农业政策具有公共产品的性质，利用好农业政策平台是农业创业者必走的“捷径”。2003年以来，我国按照“给予、少取、放活”的方针，出台多项农业政策，如专项资金扶持政策、保险政策、补贴政策等，具体包括农作物保险、能繁母猪保险、粮食直补、农资综合直补、水稻良种推广补贴、油菜良种推广补贴、大型农机具购置补贴等政策。

2.成立农民专业合作组织

在激烈的市场竞争中，农业是一个弱势产业，农民是一个弱势群体，为了降低生产成本，提高赢利水平，就需要通过合作联合起来，借助外部交易规模的扩大，节约交易成本，提高在市场竞争中的地位，使产品按合理价格销售。同时，还可通过扩大经营规模，提高机械设备等的利用率，寻求规模效益，规模的扩大可带动地方经济的倍增效应，市场的运作者可以在更大范围内稳定农产品的价格，争取市场谈判的主动权。农业合作经济组织按照合作的领域可以分为生产合作、流通合作、信用合作和其他合作，提高千家万户的小生产者在千变万化的大市场中的竞争能力和经济效益。

例如，山东省章丘市的“大葱生产经营合作社”，一改过去经销商过分压价的弊端，合作社成立以后，由合作社统一收购，集中和经销商签订合同后，解决了农民销售难的问题，并且提高了葱农的经济效益。

目前，运作比较成功的模式“公司+农户”模式，是一种化解农户市场风险的组织制度创新。实行“公司+农户”的模式之后，农产品的市场化运作使由农产品自然秉性带来的价格波动得到了一定的制约。单个农户的市场风险通过一体化企业的统一加工、集中销售，得到大幅减少。在行情不看好的情况下，由公司承担全部的市场风险，农户只要抓好生产就可以等到稳定的收入。所以，目前“公司+农户”的模式值得农业创业者去体验。

3.寻求与知名企业的市场协同

协同是指各方面相互配合，协助完成某项事情。企业通过市场协同可以实现低成本、高效益运作，从而降低风险。协同效应就是指企业之间在生产、营销、管理等环节，从不同方面共同利用同一资源而产生的整体效应。俗话说“一根筷子轻轻被折断，十双筷子牢牢抱成团”，就是指企业善于通过市场协同作用（生产协同作用或管理协同作用）达到扩大规模、开拓市场、降低经营成本和经营风险的目的，延长企业的寿命。目前，常见的企业协同大多为市场协同。市场协同的主要表现形式有品牌租用、品牌延伸、品牌扩展等。

许多农产品在交易过程中都遭受到冷遇，出现卖出难问题，其中，原因除了季节和储藏能力外，更主要的是当前农产品最缺乏的是销售的主营渠道，要把优质的农产品打入市场的主营销售渠道，品牌的知名度就成为农产品销售的关键因素。借助优势企业激活弱势企业，通过市场协同与名牌产品合作经营，农业企业利用其他企业在消费者心目中的地位寻找最佳的销售渠道，通过扩大生产规模、大力开发市场来打造品牌的知名度，完成市场开发和拓展的业务，这是提升产品的市场适应能力的关键。

品牌扩展是企业实现其市场扩张和利润增长的“飞机跑道”。它强调的是企业对已实现的某个品牌资源的充分开发和利用，使名牌生命不断得以延长，品牌价值得以增值，品牌的市场份额不断扩大。

此外，还可以通过品牌扩展策略，也就是企业利用其成功品牌名称的声誉来推出改良产品或新产品，包括推出新的包装规格、香味和式样等，以凭借现有名牌产品形成系列名牌产品的一种名牌创立策略。随着农产品市场体系的不断完善以及企业应对市场风险能力不断提升，价格波动这种一般意义的市场风险对农业企业的影响力度正在不断减弱。

4.走可持续的发展道路

企业的可持续发展就是既要考虑当前发展，又要考虑未来发展，不能以牺牲后期的利益和满足眼前的利益为代价，换取现在的发展。农业企业的可持续发展表现为经营活动中若干生产要素的发展，从整体的角度表现为应当持续赢利（在一段时间内总体赢利），通过外在技术（人员）的“内化”过程，“渐进式”地实现企业由量变到质变的过程，以更好地抵御技术风险。

在农业技术不断创新的今天，许多经营企业为了缩短技术的经济效益时段，以雇佣（租赁）的方式从其他地方借来技术，由于忽视了技术的“内化”过程，产生“水土不服”的应用风险。在此提醒农业创业者在利用外来技术时，需要树立可持续发展的战略意识，对引进的技术采取以下措施规避技术风险：一是“本土化”，因地制宜，结合当地的农业生产的水、肥、气等自然条件，有选择性地加以利用；二是技术租用渠道正规化，在农业产业化发展的今天，全国各个地方涌现出了大批的“专家”、“技术能人”，这些群体在当地农业技术的应用与创新中起到了带头作用，但是由于当事人对农业技术认识的局限性，会把其技术“照办照抄”，给经营者带来风险，所以在聘用专家时通过正规渠道是一种规避风险的办法；三是不断“充电”，做好“技术的储备”，在利用技术的过程中依赖外来技术容易受到制约，为了更好地规避过分依赖的风险，作为创业者需要对新技术、新工艺加强学习，给自己的头脑“充电”，让企业“固本强基”，把劣势转化为优势，使企业走可持续发展的道路。

5.走多元化的发展道路

多元化的发展战略措施是指充分利用生产和加工相关程度较低的农业和农副产品以分散风险。通过进行投资组合，达到在相同期望收益情形下组合风险最小或相同组合风险情形下，期望收益最大的目的。

此外，像我国不同地区的“四位一体”、“三位一体”的经营模式，江苏省东海县双店镇的“猪—沼—花”、“猪—沼—菜”生态农业模式，“大棚草莓山羊复合种养模式和技术”，都是多元化的发展模式。像冯汝贵这样的种养模式，就是以土地为基础，以沼气为纽带，形成以农带牧、以牧促沼、以沼促果、果牧结合的配套发展和良性循环的生态体系，最佳地利用农业资源和环境，达到较好的资源组合。

6.走一体化的发展道路

一体化就是延长农业产业链的经营模式，在农业的经营过程中，将整个农业生产过程分为产前、产中和产后3个环节，将不同类型风险在整个链条中进行分解，通过明确不同环节的主要风险类型及其作用机制，寻求不同的管理方式，实现降低农业企业风险的目的。

在养殖产业中许多农业生产合作社的经营就是一体化的发展模式，经营主体由于能够集中经营，统一标准，统一组织实施，其技术成本就比单个农户要小得多。而农业一体化经营企业往往又是农业领域的一流企业，所以技术的风险主要表现为如何通过市场调研，选准具有开发潜力的技术，在成本最小化的前提下进行科学的开发。农业企业必须提供产前、产中、产后的服务，尽可能地将新技术的风险降低到最小的程度。农业企业要有精通农业技术应用过程的专业人员，以帮助农民解决农业技术应用过程中的各种问题，从而使农业技术的风险降低到足够小的程度。

例如，建立基地养殖户联合体，可以为当地群众提供品种改良、生产技术、科技普及、加工销售等“一条龙”式的服务。其优势是可以把原来的“多（生产者）多（购买者）”交易变成了“一（公司）多（农户）”交易，可以实现“自助”服务，不受外部供应商的控制。基地养殖户通过联合经营、共同服务而形成的利益共同体，可以推动当地养殖业向良种化、规模化、产业化方向发展。

（二）防范和减轻风险的战术措施

1.调查采购方的信誉

特别是进行大宗交易时，应调查对方信誉，以确保安全。调查对方的信誉就是看对方经营的时间长短，因为这直接关系到经营的稳定性。创业者可以根据对方经营时间的长短建立自己的经营策略。

对于大多数的农产品而言，从用途上来看，采购单位主要有两种类型：一是进行原材料加工的企业，如脱水蔬菜加工企业、果汁加工企业、面粉加工厂等；二是终端消费的经销商，如蔬菜果品的批发企业、大型超市、学院食堂等。

如果是加工企业，一般而言，小型企业的寿命为3～5年，中型企业的寿命为5～8年，大型企业的寿命为10～15年，只要企业落户在本地，一般效益比较可观，也就是说信誉比较好。

如果是大型的超市，由于它的布点基本上在人口密度较大的地方，再加上超市的组织货物的能力比较强，因此，在经营期限上相对比较长，无论从货款的收回还是货物的购买都比较讲求诚信。对于讲求诚信的采购方，创业者通过建立长期的客户合作关系，达到稳定交易量、降低市场风险的目的。

如果农产品是出口的，还需要了解出口公司的状况。大部分出口的农产品销售到国外后，通过“二传手”转移到深加工企业、超市等地方，由于对方受到价格、国际行情等因素的影响，受利益的驱动，往往“打一枪换一个地方”，合作很不稳定，需要经营者具有风险意识，“不要把所有的鸡蛋都放在同一个篮子里”，多争取几个合作伙伴，防止“单打一”所产生的风险。

2.使用法律手段保护自己的合法权益

通过签订经济合同来保护自己的权益。只要签订了购销合同，哪怕客户赖账，也可以按照经济合同中的约定进行索要，若仍遭拒绝，经济合同在法庭上就是最好的证据，可做到举证有效。

友情提醒：签订购销合同需要详细，无漏洞！

3.先捡“西瓜”，后捡“芝麻”

真正的企业家并不是风险的追逐者，而是希望捕获所有的回报、将风险留给别人的人。在发展产品的时候既不能“单打一”，也不能把企业所有赢利空间寄托在一种产品上面。在理财界有一条“定律”：不要把鸡蛋都放在同一个篮子里（进行分散投资以规避投资风险，获取较好的回报），因为，当我们把所有的鸡蛋都放在了一个篮子里，篮子失手掉在地上的时候，所有的鸡蛋都遭了殃。所以，在农业企业成长的过程中，发展系列化产品组合很有必要。

农产品的系列组合发展不能“眉毛胡子一把抓”。首先，先捡“西瓜”，就是抓关键，把“厚利产品”作为重点，进行重点发展；其次，后捡“芝麻”，就是培育“明星产品”、市场成长性好的产品，使其尽快成长为“厚利产品”，同时，要善于淘汰“鸡肋产品”（不赢利但占用较多资源的产品）。善于多样化搭配，分散经营风险。

4.控制交易进程，保持非饱和的“金鱼效应”

保持循序渐进就是遵循可持续发展的原则，把市场做成“非饱和”状态。例如，在条件允许的情况下不要过量供货，因为过量供货比较容易造成被动，导致市场价格的下降，一旦价格下降后再想提高绝非一件容易的事情。保持循序渐进的目的是稳定价格，保护经营者自身的利益。有的人形容经营市场就像饲养金鱼，金鱼不会被饿死，但如果投食量过大会被“撑死”，这就是“金鱼效应”。市场也一样，如果短时间过量供货，会造成价格下跌，市场陷入“疲软”状态。因此，农业创业者在经营过程中要坚持长远的经营眼光，只有保持循序渐进才能更好地发展。

总之，农业企业经营风险具有客观性、多样性和隐含性，农业企业经营主体应针对不同风险，采取不同措施，有效地化解和规避风险。同时更需要针对风险因素进行系统分析，采取综合预防措施控制风险，将风险转化为机会，这对于增强农业企业经营的运营效率和化解、规避风险至关重要。

【小结】本专题重点介绍了创业风险的种类，农业创业风险产生的原因，如何去规避这些创业风险，创业者尤其是首次创业者掌握这些知识是很有必要的，风险无处不在，即将创业的学员本来就心存顾虑，怕创业失败，缺乏创业的勇气。学习本专题可以为学员打消思想上的顾虑，科学创业，成功创业，在创业的道路上少走弯路，降低创业的成本。

第七节 农业创业项目介绍

【学习目的】

通过学习使学员了解现代农业创业项目的基本类别，寻找适合自己的创业项目。

【教学时数】90分钟

【教学方法】讲授法、案例法、讨论法。

随着社会主义市场经济的不断完善，农业创业项目也在不断更新，发掘好的农业创业项目，建设好农业创业项目成为解决好“三农”问题的必然要求，它能有效地提高农业综合生产能力，增强种养业的竞争力，促进农村经济的发展，快速增加农民收入。现代农业创业有许多项目可以选择，归纳起来有：设施农业项目、规模种养项目、休闲观光农业项目、绿色农业项目、农产品加工项目以及现代农业服务项目等6项。

一、设施农业创业项目

设施农业创业项目：是指在不适宜生物生长发育的环境条件下，通过建立结构设施，在充分利用自然环境条件的基础上，人为地创造生物生长发育的生境条件，实现高产、优质、高效的现代化农业生产方式。

农业生产：是依靠动植物的自然繁殖机能及生长发育功能来完成的特殊生产过程，因而农业历来是一个受自然因素影响最大的产业。随着社会经济和科学技术的发展，农业这一传统产业正经历着翻天覆地的变化，由简易塑料大棚和温室发展到具有人工环境控制设施的自动化、机械化程度极高的现代化大型温室和植物工厂。当前，设施农业已经成为现代农业的主要产业形态，是现代农业的重要标志。

设施农业主要包括：设施栽培和设施养殖。设施栽培目前主要是蔬菜、花卉、瓜果类的设施栽培，设施栽培技术不断提高发展，新品种、新技术及农业技术人才的投入提高了设施栽培的科技含量。现已研制开发出高保温、高透光、流滴、防雾、转光等功能性棚膜及多功能复合膜和温室专用薄膜，便于机械化卷帘的轻质保温材料逐渐取代了沉重的草帘，也已培育出一批适于设施栽培的耐高温、弱光、抗逆性强的设施专用品种，提高了劳动生产率，使栽培作物的产量和质量得以提高。下面是主要设施栽培装备类型及其应用简介：

1.小拱棚

小拱棚主要有拱圆形、半拱圆形和双斜面形3种类型。主要应用于春提早、秋延后或越冬栽培耐寒蔬菜，例如，芹菜、青蒜、小白菜、油菜、香菜、菠菜、甘蓝等；春提早的果菜类蔬菜主要有黄瓜、番茄、青椒、茄子、西葫芦等；春提早栽培瓜果的主要栽培作物为西瓜、草莓、甜瓜等。

2.中拱棚

中拱棚的面积和空间比小拱棚稍大，人可在棚内直立操作，是小棚和大棚的中间类型。常用的中拱棚主要为拱圆形结构，一般用竹木或钢筋做骨架，棚中设立柱。主要应用于春早熟或秋延后生产的绿叶菜类、果菜类蔬菜及草莓和瓜果等，也可用于蔬菜育苗和花卉栽培。

3.塑料大棚

塑料大棚是用塑料薄膜覆盖的一种大型拱棚，它和温室相比，具有结构简单、建造和拆装方便、一次性投资少等优点，与中小棚比，又具有坚固耐用、使用寿命长、棚体高大、空间大、必要时可安装加温、灌水等装置，便于环境调控等优点。主要应用于果菜类蔬菜、各种花草及草莓、葡萄、樱桃等作物的育苗；春茬早熟栽培，一般果菜类蔬菜可比露地提早上市20～30天，主要作物有黄瓜、番茄、青椒、茄子、菜豆等；秋季延后栽培，一般果菜类蔬菜采收期可比露地延后上市20～30天，主要作物有黄瓜、番茄、菜豆等；也可进行各种花草、盆花和切花栽培，草莓、葡萄、樱桃、柑橘、桃等果树栽培。

4.现代化大型温室

现代化大型温室具备结构合理、设备完善、性能良好、控制手段先进等特点，可实现农作物生产的机械化、科学化、标准化、自动化，是一种比较完善和科学的温室。这类温室可创造作物生育的最适宜环境条件，能使作物高产优质。主要应用于园艺作物生产，特别是价值高的作物生产，例如，蔬菜、切花、盆栽观赏植物、园林设计用的观赏树木和草坪植物以及育苗等。

设施养殖目前主要是畜禽、水产品和特种动物的设施养殖。近年来，设施养殖正在逐渐兴起。下面是设施养殖装备类型及其应用简介：

（1）设施养猪装备。常用的主要设备有猪栏、喂饲设备、饮水设备、粪便清理设备及环境控制设备等。这些设备的合理性、配套性对猪场的生产管理和经济效益有很大的影响。由于各地实际情况和环境气候等不同，对设备的规格、型号、选材等要求也有所不同，在使用过程中需根据实际情况进行确定。

（2）设施养牛装备。主要有各类牛舍、遮阳棚舍、环境控制、饲养过程的机械化设备等，这些技术装备可以配套使用，也可单项使用。

（3）设施养禽装备。现代养禽设备是用现代劳动手段和现代科学技术来装备的，在养禽特别是养鸡的各个生产环节中使用，各种设施实现自动化或机械化，可不断地提高禽蛋、禽肉的产品率和商品率，达到养禽稳定、高产优质、低成本，以满足社会对禽蛋、禽肉日益增长的需要。主要有以下几种装备：孵化设备、育雏设备、喂料设备、饮水设备、笼养设施、清粪设备、通风设备、湿热降温系统、热风炉供暖系统、断喙器等。

（4）设施水产养殖装备。设施水产养殖主要分为两大类：一是网箱养殖，包括河道网箱养殖、水库网箱养殖、湖泊网箱养殖、池塘网箱养殖；二是工厂化养鱼，包括机械式流水养鱼、开放式自然净化循环水养鱼、组装式封闭循环水养鱼、温泉地热水流水养鱼、工厂废热水流水养鱼等。

目前，设施农业的发展以超时令、反季节生产的设施栽培生产为主，它具有高附加值、高效益、高科技含量的特点，发展十分迅速。随着社会的进步和科学的发展，我国设施农业的发展将向着地域化、节能化、专业化发展，由传统的作坊式生产向高科技、自动化、机械化、规模化、产业化的工厂型农业发展，为社会提供更加丰富的无污染、安全、优质的绿色健康食品。

二、规模种养业创业项目

我国农业市场经济的发展伴随着世界现代农业的发展，我国的家庭联产承包经营模式与农村生产力发展水平越来越不相适应，具体表现为四大矛盾：农户超小规模经营与现代农业集约化生产之间的矛盾，农民的恋土情结与土地规模经营的矛盾，按福利原则平均分包土地与按效益原则由市场机制配置土地的矛盾，分散经营的小农生产与日趋激烈的市场竞争和社会化大生产要求的矛盾。我国农户土地规模小，农民经营分散、组织化程度低，抵御自然和市场风险的能力较弱。很难设想在以“一家一户”的小农经济的基础上能建立起现代化的农业生产，更不可能实现较高的劳动生产率和商品率，使农村根本摆脱贫困和达到共同富裕就更加遥远了。我国养殖业生产目前也仍然是以分散经营为主，大多数农户技术水平低，竞争能力弱。

为了应对日益激烈的市场竞争，国内外的联合生产与经营的成功案例已很常见，因为它便于集中有限的财力、人力、技术、设备，形成规模优势，提高综合竞争力。因此，发展现代农业生产必须大力发展规模化的种养业生产，打破田埂的束缚，让一家一户的小块土地连成一片，有效地把个体农民组织在一起，进行规模化经营，使低效农业变为高效农业，特别是在大中城市的郊区和一些条件比较好的平原地区，这种规模化生产既是必要的也是可能的，更是农业创业的重要选择项目。2010年中央“一号文件”明确指出，国家在畜牧业发展方面重点支持建设生猪、奶牛等规模养殖场（小区），开展标准化创建活动，推进畜禽养殖加工一体化。农业部统计数据显示，截至2010年底，规模畜禽生产已经占据畜禽生产总量的56%以上。标准化规模养殖是今后一个时期的重点发展方向。也就是说，规模养殖业已经成为养殖业创业类型中的必然选择。

三、休闲观光农业创业项目

休闲观光农业是一种以农业和农村为载体的新型生态旅游业，是把农业与旅游业结合在一起，利用农业景观和农村空间吸引游客前来观赏、游览、品尝、休闲；体验、购物的一种新型农业经营形态。

近年来，伴随着农业全球化的发展，人们发现，现代农业不仅具有生产性功能，还具有改善生态环境质量、为人们提供观光、休闲、度假等生活性功能。随着人们收入的增加，闲暇时间的增多，生活节奏的加快以及竞争的日益激烈，越来越渴望多样化的旅游，尤其希望能在典型的农村环境中放松自己，休闲观光农业就适应了这一市场环境。休闲观光农业主要是为那些不了解农业、不熟悉农村，或者回农村寻根，渴望在节假日到郊外观光、旅游、度假的城市居民服务的，其目标市场主要是城市居民。休闲观光农业的发展，不仅可以丰富城乡人民的精神生活；优化投资环境等，而且达到了农业生态效益、经济效益和社会效益的有机统一。具体来讲，发展休闲观光农业有以下作用：

1.有利于拓展旅游空间，满足人们回归大自然的愿望

随着收入的增加，人们不再仅仅满足于衣食住行，而转向追求精神享受、精神的放松，观光、旅游、度假活动的增加，外出旅游者和出行次数越来越多。一些传统的风景名胜、人文景观在旅游旺季往往人满为患、人声嘈杂。休闲观光农业的出现，迎合了久居大城市的人们对宁静、清新环境和回归大自然的渴求。

2.有利于实现农业的高产高效等目标

利用农业和农村空间发展观光农业，有助于扩大农业经营范围，促进农用土地、劳动力、资金等生产要素的合理调整，提高土地生产率和劳动生产率；同时，又可以农业旅游为龙头，带动餐饮、交通运输、农产品加工等行业的发展，增加农业生产的附加值。

3.有利于改善农业生态环境

休闲观光农业为招徕游客，除了在景点范围内营造优美的农业生态环境和农业景观场所外，必须绿化、美化周围地区的田园和道路，维护农业与农村自然景观，改善城乡环境质量。休闲观光农业是把观光旅游与农业结合在一起的一种旅游活动，它的形式和类型很多。根据德国、法国、美国、日本、荷兰等国和我国台湾省的实践，主要形式有5种：

（1）观光农园。在城市近郊或风景区附近开辟特色果园；菜园、茶园、花圃等，让游客入内摘果、摘菜、赏花、采茶，享受田园乐趣。这是休闲观光农业最普遍的一种形式。

（2）农业公园。按照公园的经营思路，把农业生产场所、农产品消费场所和休闲旅游场所结合为一体。

（3）教育农园。教育农园是兼顾农业生产与科普教育功能的农业经营形态，以青少年学生为主要服务对象，提供农业认知、体验与相关教学服务。教育农园也是城市居民休闲度假、知识性旅游的一个理想去处。

（4）森林公园。森林公园是经过修整可供短期自由休假的森林，或是经过逐渐改造使它形成一定的景观系统的森林。

（5）民俗观光村。目前，全国各地已经涌现出一大批因地制宜，深入挖掘，展现当地文化、生产、生活习俗的民俗旅游村，有的地方建起了民俗博物馆、婚俗院等，有的推出了“住农家房、吃农家饭、做农家活、随农家俗”等活动。到民俗村体验农村生活，感受农村气息已成为今天都市人的一种时尚。

在20世纪90年代，我国农业休闲观光旅游在大中城市迅速兴起。休闲观光农业作为新兴的行业，既能促进传统农业向现代农业转型，又能解决农业发展过程中的矛盾，也能提供大量的就业机会，还能够带动农村教育、卫生、交通的发展，改变农村面貌，是为解决我国“三农”问题提供的新思路。因此，可以预见，休闲观光农业这一新型产业必将获得很大的发展。

四、绿色农业创业项目

绿色农业是一种新的农业发展模式，是以可持续发展为基本原则，充分运用先进科学技术、先进工业装备和先进管理理念，以促进农产品安全、生态安全、资源安全和提高农业综合效益的协调统一为目标，把标准化贯穿到农业的整个产业链条中，推动人类社会和经济全面、协调、可持续发展的农业发展模式。简单地说，绿色农业就是创建和利用良好的生态环境，运用现代管理理念和科学技术，生产出足量的安全营养的农产品，实现全面、协调和可持续发展的农业发展模式。

绿色农业一般包括“三品”，即无公害农产品、绿色食品和有机食品。无公害农产品是指产地环境、生产过程、产品质量符合国家有关标准和规范的要求，经认证合格获得认证证书并允许使用无公害农产品标志的未经加工或初加工的食用农产品，它的标志图案主要由麦穗、对勾和无公害农产品字样组成，麦穗代表农产品，对勾表示合格，金色寓意成熟和丰收，绿色象征环保和安全；无公害农产品的认证管理机关为农业部农产品质量安全中心。绿色食品是指遵循可持续发展原则，按照特定生产方式生产，经专门机构认定、许可使用绿色食品标志商标的无污染的安全、优质、营养类食品。绿色食品标志由三部分组成，即上方的太阳、下方的叶片和中心的蓓蕾，象征自然生态；其颜色为绿色，象征着生命、农业、环保；其图形为正圆形，意为保护。有机食品指来自有机农业生产体系，根据有机农业生产要求和相应标准生产加工，并且通过合法的、独立的有机食品认证机构认证的农副产品及其加工品。

绿色农业的发展目标，概括起来讲就是“三个确保、一个提高”：确保农产品安全、确保生态安全、确保资源安全和提高农业的综合经济效益。

1.确保农产品安全

农产品安全主要包括产品足够数量和产品质量安全，要能有效解决资源短缺与人口增长的矛盾，必须以科技为支撑，利用有限的资源保障农产品的大量产出，满足人类对农产品数量的需求。同时，随着经济发展，人们生活水平不断提高，绿色农业要加强标准化全程控制，满足人们对农产品质量安全水平的要求。

2.确保生态安全

绿色农业通过优化农业环境，改善生态环境，强调植物、动物和微生物间的能量自然转移，确保生态安全。

3.确保资源安全

农业的资源安全主要是水土资源的安全。绿色农业发展要满足人类需要的一定数量和质量的农产品，就必然需要确保相应数量和质量的耕地、水资源等生产要素。

随着环保意识的增强和绿色消费的兴起，消费者对绿色食品日趋青睐。顺应这一潮流，绿色农业在各地迅速发展。发展绿色农业还必须消除3个认识误区：

（1）认为绿色农业就是不施化肥、不喷农药的农业。

绿色农业是指以生产、加工、销售绿色食品为核心的农业生产经营方式。它是当今世界各国实施可持续发展农业目标时被广泛接受的模式。绿色农业以“绿色环境”、“绿色技术”、“绿色产品”为主体，不是不用化肥和农药，也不是一味地否定传统农业模式，而是科学使用化肥和农药，由过去主要依赖化肥和农药转变为主要依靠生物内在机制来取得农业增效。

（2）认为发展绿色农业投入高、收益低。

我国绿色农业主要通过优良品种培育和土壤改良，利用生态机制来求发展，把经济、社会和生态效益统一起来，大大降低对农药和化肥的依赖，是一种低投入的农业生产方式。“绿色消费”方兴未艾，人们对消费品最迫切的要求是“无公害”。谁能在“绿”字上做文章，谁就能抓住更多的消费者，取得更高的市场占有率，获得更大的经济效益。发展绿色农业只要捷足先登，就会捕捉创业先机。

（3）认为发展绿色农业是农民自己的事。

发展绿色农业，需要加大绿色产品的宣传力度，加大绿色技术的普及力度，加大项目资金的扶持力度，开发病虫害防治、土壤改良等适用技术，培植绿色农业龙头企业和生产基地，提高农民绿色农业技术水平，这样才能促进绿色农业的发展，从而更有利于农村经济、社会和生态的协调发展。

五、现代农产品加工业创业项目

现代农产品加工业是指以现代科技为基础，用物理、化学等方法，对农产品进行处理，以改变其形态和性能，使之更加适合消费需要的工业生产活动。现代农产品加工业是现代农业的重要组成部分，是农业与工业相结合的大产业，它是现代农业发展的关键。

现代农产品加工从深度上、层次上可分为农产品初加工和农产品精深加工。农产品初加工是指对农产品的一次性的不涉及农产品内在成分改变的加工，如洗净、分级、简单包装等；农产品精深加工是指对农产品的两次以上的加工，主要是指对蛋白质资源、植物纤维资源、油脂资源、新营养资源及活性成分的提取和利用，如磨碎、搅拌、烹煮、脱水、提炼、调配等。农产品初加工使农产品发生量的变化，农产品精深加工使农产品发生质的变化。

现代农产品加工业的行业分类主要由农副食品加工业、食品制造业、饮料制造业、烟草制造业、纺织业、纺织服装鞋帽制造业、皮革毛皮羽毛（绒）及其制品、木材加工及木竹藤棕草制品业、家具制造业、造纸及纸制品业、橡胶制品业11个产业部门组成。

现代农产品加工及其制成品的发展趋势将向多样化、方便化、安全化、标准化、优质化方向发展，但我国农产品加工业的总体水平还远远不能满足现实发展的要求，主要表现为加工总量不足、农产品加工企业规模化水平和科技水平偏低、资源综合用水平偏低、加工标准和质量控制体系不健全等问题。据统计发达国家的农产品加工转化率在30%以上，我国只有2%～6%。例如，我国江苏省，肉类加工转化率是6%～7%，蔬菜是4%，果品是3%。再如，我国稻谷加工还大多停留在“磨、碾”的水平，碎米和杂质含量高，品种混杂，口感与食用品质低，而外国的稻谷制米加工有精碾、抛光、色选等先进技术处理，成米一般可分成十几个等级，使用功能确切、食用质量好、整齐度高，可满足市场的多样选择，适于优质优价。由此可见，农产品加工业在我国仍有很大的发展空间，给农产品加工业创业项目的选择提供了很多的市场机会。

六、现代农业服务业创业项目

现代农业服务业是指以现代科技为基础，利用设备、工具、场所、信息或技能为农业生产提供服务的业务活动。农业服务业作为现代农业的重要组成部分，在拓展农业外部功能、提升农业产业地位、拓宽农民增收渠道等方面都发挥着积极作用，如良种服务、农资连锁经营服务、农产品流通服务、新型农技服务、农机跨区作业服务、农村劳动力转移培训和中介服务、现代农业信息服务、农业保险服务等。从现实情况看，我国现代农业服务业发展严重滞后、水平比较低，这些将会给现代农业服务业创业项目的选择提供了很多的市场机会。

1.良种业服务

良种是农业增产增效的基础和关键，也是提高农产品质量的基础。随着人们生活水平由温饱向小康转变，社会对农产品质量的要求必然越来越高，这就需要对现有品种进行改造，在保持高产品种高产性能的基础上努力提高质量。此外，还要根据市场需求状况，不断调整农产品的品种结构，以满足社会各方面的需要。因此，良种业服务可以在优良种子的筛选、标准化服务推广等方面提供配套技术。

2.农产品流通业服务

农产品流通是指农产品通过买卖的形式，从生产领域进入消费领域的交换过程。农产品收购、贮存、运输、销售构成了农产品流通渠道，是联结农户与市场的纽带，任何一个环节发生了故障，都将导致流通渠道不畅通，农产品流通受阻，农产品就卖不出去，农业生产经济效益受损失，农业再生产也无法进行。因此，必须建立顺畅、便捷、低成本的农产品商品流通网络，特别是建立和完善鲜活农产品流通的“绿色通道网”，实现省际互通，以保证农产品能货畅其流，这对于活跃农村经济、提高农产品流通效率、促进农民增收和发展现代农业具有重要作用。例如，农产品经纪人就在搞活城乡经济中应运而生，他们穿梭于城乡市场，一手牵着农民的生产，一手牵着市场的需求，在带领农民进入市场、搞活农产品流通、促进农业结构调整、帮助农民增收致富、提供各类中介服务等方面发挥了重要作用。

以上6种农业创业项目是以现代农业服务创业项目为中心联系起来的，换言之，就是前5种农业创业项目要想做好都离不开现代农业服务业。

【小结】本专题主要介绍了农业创业项目的种类，详细讲解了不同农业创业项目的特点以及操作过程，通过本专题学习可以使学员根据自身条件，结合本地区自然环境，因地制宜确定自己的创业项目，了解这些知识，可以对农业创业项目的具体内容更加清楚了，当然每一种创业项目也不会是独立存在的，相互之间都存在着相互关联，掌握它们之间的相互关系，更能够增加创业成功的概率。至于如何选择农业创业项目，还需通过下一个专题的学习。

第八节　选择农业创业项目

【学习目的】

通过学习使学员初步了解选择农业创业项目的基本原则和方法。

1.掌握选择农业创业项目应遵循的基本原则。

2.掌握选择农业创业项目的方法。

3.了解选择农业创业项目的影响因素。

【教学时数】90分钟

【教学方法】讲授法、案例法、讨论法。

如果把农业创业比作挖掘一座金矿，创业者首先要做的就是找到金矿的准确位置，然后再开挖。因此，创业者在创业时要做的第一件事情就是要选择做什么行业，或者是打算办什么样的企业，如在土地里选择种植什么、池塘里选择养殖什么、利用农产品原料加工成什么新产品、为农业生产提供什么服务等，也就是要选择农业创业项目，这是创业者在创业道路上迈出的至关重要的第一步。

一、选择农业创业项目要遵循的基本原则

农业创业者选择农业创业项目是一个艰难的抉择过程，同时还具有一定的风险性。但是只要运用科学合理地方法，遵循一些基本原则，成功选择一个适合自己的农业创业项目也不是一件很困难的事情。选择农业创业项目应注意遵循以下5个基本原则：

1.要选择国家政策鼓励和支持并有发展前景的行业

目前，国家对农村发展大力支持，各地也出台了一系列惠农政策，希望能够帮助农民发展经济。惠农政策出台了而农民不熟悉、不利用，那就很难发挥政策的作用。想开创自己的事业和创办自己的企业，就要知道哪些农业行业是国家政策鼓励和支持发展的，哪些农业行业是允许发展的，哪些农业行业是受限制的，哪些农业行业却是不允许发展的等。我们一定要选择国家政策鼓励和

支持，并有发展前景的农业行业作为自己的创业项目，这样创业的道路才能越走越宽越远，绝不能够只看现时，不能因短期的利益驱动而误入创业歧途。

2.要坚持创新，做到“人无我有、人有我优、人优我特”

创新是企业的生命，也是创业成功的关键，选择农业创业项目时要注意切忌“跟风”。目前，市场上不是缺少普通的商品和一般的劳务，而是缺特殊的商品和掌握一定技术技能的专业技术和服务。创办市场需求而别人还没有创办的企业，创办别人企业改进型的企业，创办极具自己独有知识产权的企业，提供市场紧缺的技术和服务。创业者只有加强市场调研，刺激和创造需求，抢占先机、出奇制胜，才能使创办的企业活提供的技术和服务得以立足和持续发展壮大。

3.要认真进行市场调研，适应社会需求

农业创业者是“探险者”而不是“冒险者”，“探险”是从事别人还没有从事或很少有人从事过的事业；而“冒险”是不顾危险从事某种活动，两者具有本质区别。创业者不要光凭想象、冲劲、理念做事，必须运用科学的态度，具备科学的方法，掌握周密的市场资料，了解消费群体的详细情况，创业成功的几率才大。因此，选择农业创业项目要进行市场调查和研究，特别是第一次创业时，创业者需要做好许多大量的细致的前期工作，这里面就包括进行适当的知识储备，技能储备，尤其是需要观念的更新，思维模式的转变。当然选择争取的创业项目市场永远是第一位的，没有市场没有足够支撑你企业的消费群体，再好的创业项目也不适合你。

4.要充分利用优势和长处，干自己有兴趣的、熟悉的事

每一个人都有自己的长处和优势，但是成功的创业者一定要真正了解自己的长处和兴趣，对自己作出正确的评价，既不可狂妄自大，也不可妄自菲薄。创业者一定要选择自己熟悉的行业，这样可以缩短创业的期限，而且一旦确定创业项目就要坚持下去，不能半途而废。“做熟不做生”这话很有道理。例如，有的人对某一行业、某一领域、某种产品比较熟悉，有的人在技术上有专长，有的人有某种兴趣爱好，有的人善于公关和沟通等，这些就是每个人自己的长处，选择创业项目时要能充分发挥自己的长处和优势，以己之长开拓市场，要注意选择自己感兴趣和熟悉的项目。

5.要量力而行，从干小事、求小利做起

创业是一种有风险的投资，必须遵循量力而行的原则。谁都想一口吃出个胖子来，可有几个胖子是一口吃出来的呢！俗话说“适合的就是最好

的”，创业者要认真分析自己的条件，包括资金、资源、能力、合作伙伴、专业技能等，量力而行，不能好高骛远。对于创业者来说，是拿自己的血汗钱去创业，创业之初应该尽量避免风险大的事情，而应该将为数不多的资金投到风险较小、规模也较小的事业中去，先赚小钱，再赚大钱，聚沙成塔，滚动发展。俗话说“不以善小而不为”，在这里可以理解为“不以利小而不为”，创业要遵循从无到有、从小到大的原则，要从干小事、求小利做起，这样也大大降低了创业风险，为成功创业打下基础。

二、选择农业创业项目主要有哪些方法

如今农业创业市场是风起云涌，创业者有许多农业创业项目可以选择，如何从中选择一项适合自己的好项目，就需要注意掌握和运用科学合理的方法进行选择，以期获得比较高的创业成功率。这里介绍的选择方法可以把选择过程分为产生农业创业项目、分析农业创业项目、筛选农业创业项目、检验农业创业项目这4个阶段。

1.农业创业项目的产生

产生农业创业项目是选择一项适合自己的好项目的基础。在产生农业创业项目时，应尽力放开自己的思路，尽可能地挖掘创业项目，好的创业项目往往源于大脑的“一闪念”或“异想天开”。具体可从以下几个方面产生：

（1）创业者的技能。

创业者的技能是指创业者擅长做的事情。例如，有的人擅长种植水稻，有的人擅长种植棉花，有的人擅长种植西瓜，有的人擅长养猪，有的人擅长养牛，有的人擅长养螃蟹，有的人擅长社交活动等，这都是创业者的不同技能。

（2）创业者的兴趣。

创业者的兴趣是指创业者喜欢做的事情。例如，有的人喜欢种植花草，有的人喜欢养狗，有的人喜欢养鸽子，有的人喜欢养金鱼等。

（3）创业者的经验。

创业的经验是指创业者曾经的工作经历或接受的教育培训经历。例如，有的人曾经在某个草莓种植大户那里打过工，这样这个人也就有了如何种植草莓的经验；有的人参加农民创业培训或者实用技能培训，在培训过程中，培训老师讲授如何种植葡萄，这样这个人也就有了理论上种植葡萄的经验。

（4）创业者的社会关系。

创业者的社会关系主要是指创业者的家人、亲戚、同学、同事、朋友

等。创业者可以从他们那里获取一些创业信息、建议或者帮助。例如，有个人家里有个亲戚创办了一家酱菜加工厂，亲戚就建议这个人多承包些土地，用于种植酱菜原料，从而进行创业。

（5）创业者所处的自然资源环境。

创业者所处的自然资源环境主要包括土地资源、水资源、矿产资源、生物资源、气候资源和海洋资源。例如，有的人发现自己所处的村子里有一块较大的闲置水面，那么就可准备利用这块闲置水面进行创业。

当然，还有很多其他方面的途径可以产生农业创业项目，如农业创业项目可从电视、报纸、杂志等大众媒体的新闻中产生，可从参加一些商品展销会中产生，也可从网络上的连锁加盟中产生。总之，创业者应多花工夫、放远眼光，善于寻找和发现农业创业“商机”，产生比较多的、可供选择的农业创业项目。识别农业创业“商机”的最好办法就是倾听你周围人们的不满、抱怨和困难，人们生活中存在的每一个问题都有可能意味着一个潜在的创业“商机”，而且越是难以解决的问题，它可能带来的创业商机就越有魅力，创业成功的可能性就越大。所以，只要我们掌握正确的方法，就会觉得农业创业项目的选择其实并不困难。只要我们善于观察、善于创新，农业创业“商机”就在创业者的身边，农业创业项目就在平凡的生活之中。

当前，我国农业正处在由传统农业向现代农业转变的时期，农业生产从分散经营向适度规模经营、从追求数量向量质并重、从初级产品生产向精深加工产品、从国内市场向国内外市场并重、从“提篮小卖”向现代营销转变，在这些转变过程中存在着许多困难和问题。因此，在农业生产领域中蕴藏着大量的创业“商机”，选择农业创业项目进行创业实践是大有可为的，其成功的可能性也很大，许多的外国农业公司积极进入到我国农业市场上来就可说明这一点。

2.农业创业项目的分析

通过第一阶段的产生农业创业项目之后，也许创业者手中已经有了好几个农业创业项目，至少应有5个，多则可能超过20个。这么多的农业创业项目中究竟选择哪个项目呢?接下来就是对每一个农业创业项目进行全面的分析，使每个创业项目从不确定、不明晰变为详细、准确、清晰，以方便筛选和选择。

（1）农业创业项目外部环境分析。

农业创业项目的外部环境是创业者难以把握和不可控制的外部因素，

是一种不断变化的动态环境。例如，消费者的偏好及其变化、政策法规的变动、市场结构的变化、新技术革命带来的生产过程的变化等。外部因素极为纷繁复杂，各种因素对创业活动所起的作用又各不相同，并且在不同的客观经济条件下，这些因素又以不同的方式组合成不同的体系，发挥着不同的作用，但对于分析农业创业项目又十分重要。因此，要尽可能地通过各种信息渠道收集、整理、分析外部环境资料和数据。

（2）农业创业项目的市场分析。

准确的市场分析是选好农业创业项目的前提。最主要的是要分析市场需求，市场需求状况将决定未来创业活动的生产经营状况，产品没有市场需求的企业是不可能做到生意兴隆、企业兴旺的。市场需求状况具体包括产品的需求总量、需求结构、需求规律、需求动机等。

（3）农业创业项目的资源分析。

没有资源是实现不了任何项目的，创业项目当然也不例外。对于创业者来说，产品的现有资源是必须了解和考虑的重要问题，通常包括土地、资金、技能、人际关系、设施设备等。例如，创业者必须分析清楚农业创业项目需要多少资金的投入。

（4）农业创业项目的竞争对手分析。

创业者对竞争对手的情况必须做充分的调查了解，这是在开展创业活动时必不可少的一项准备工作。这既有助于创业者摸清对手的情况，又能学习和借鉴竞争对手的长处、经验和教训，竞争对手可以成为创业者最好的老师，从而不断地提高自己，增强竞争能力。竞争对手分析主要了解现有竞争对手的数量、经营状况、优势和弱势、竞争策略以及潜在的竞争对手等。

（5）农业创业项目的投资效益分析。

创业者对农业创业项目的投资效益分析具有十分重要的意义，通过分析设施的总造价、设备的总投资、为创办企业应缴的各种费用、产品的原材料价格、生产工人和管理工人的工资、产品的市场价格以及变动趋势等，计算出投资成本和投资产出，从而就可以看出投资效益是多少，企业能不能营利。能营利，企业就能生存与发展。

3.农业创业项目的筛选

通过第二阶段的分析每个农业创业项目的具体情况之后，创业者就要对农业创业项目进行相互比较、权衡利弊，对农业创业项目进行筛选，选出一个切实可行又符合自己实际的创业项目。许多人创业时都不知道选择什么创业项目，常常问询亲朋好友、同事、咨询专家、创业培训机构。就一般意义而言，创业的目的无非是获利。那么，什么项目更适合去投资创业呢?

一个能够赢利的、有竞争力的好项目必须具备以下几个特点：

（1）获利性。只有产生一定的利润才会值得投资，这一点无需赘述。传统的行业由于时间已久，竞争已达到白热化，所以利润空间十分有限，现在介入需要有丰富的商业经验才能从容应对，否则将不得不用人人都会的价格战参与竞争，胜算几何自己都将心中无底。如果选择一个新颖的项目模式，就容易适当规避正面竞争，从而获得高额利润。

（2）新颖性。要有效的规避市场竞争，该项目就必须是市场的空白和盲点或是通过结构重组而创造的新的独有模式，这样才会有效地规避竞争，独享丰厚的行业利润，规避行业中强手的排挤和打压，以致陷入价格战的泥沼而覆没。

（3）成长性。好的项目必须是处在该行业的快速成长上升阶段，这样才能保证其有较大的发展和获利空间。任何处在起步或鼎盛或衰败期的项目，其风险都是很高的。当然，如果该项目是处在行业的起步阶段，尽管风险较高，但其利润一定也比较丰厚，有实力勇于冒险的也不妨一试。至于投资鼎盛的行业，尽管行业比较成熟，但行业竞争也必定十分激烈，利润相对较低。

（4）未来性。或者叫前瞻性，所谓未来性，就是指它必须是一种社会趋势或是随着时间的推移，它必定更加盛行。有的行业随着时间的推移，市场将越来越小甚至逐渐失去存在的价值，如当初走村串户的货郎担；而有的行业则随着社会的发展，需求越来越旺盛，如设施农业、规模种养业等。

（5）可操作性。好多行业可能看似好赚钱，可是要么其操作程序十分困难复杂，要么其需要具备优异的人力资源，同样令人望而兴叹。所以好的创业项目必须具备可操作性尤其是易操作性。现在，优秀的连锁加盟就很好地解决了这个问题。他们有一套成功、成熟的市场操作经验，而且会毫无保留地将成熟的市场操作经验传授给加盟创业者，这样就避免了创业者走弯路或经营亏本。

具备了这几个特点，只要你有相应的资金、足够的兴趣，余下的就只有全身心地投入了。

4.农业创业项目的检验

通过第三阶段筛选出一个适合自己的农业创业项目之后，如立即着手实施将是有一定风险的。这个农业创业项目是否经得起推敲，还需要对这个创业项目进行检验。常用的方法是SWOT分析法，即对创业项目进行优势、劣势、机会和威胁的分析。SWOT由优势（Strength）、劣势（Weakness）、机会（Opportunity）和威胁（Threat）4个英文单词的第一个字母组合而成。

（1）优势和劣势。

优势和劣势分析是指分析存在于农业创业项目内部的可以改变的因素。

优势指的是农业创业项目的长处和积极方面。例如，产品质量好、生产成本低、地点位置好、技术水平高、符合顾客消费习惯等。

劣势指的是农业创业项目的弱点和欠缺的方面。例如，产品/服务的成本高、售价贵、推销手段不如别人、无力提供足够好的售后服务等。

（2）机会和威胁。

机会和威胁分析是分析存在于农业创业项目外部的、个人无法施加影响的因素，如国家政治、经济、科学技术、地区变迁等因素。

机会指的是农业创业项目将能从周围环境中获得的种种可能的有利时机、地位、支持和商业交易对象。如产品可能越来越流行、竞争对手因为某种原因丧失竞争力、获得了新的物美价廉的代用原料等。

威胁指的是农业创业项目将遭遇到可能的种种不利和负面影响的事情。如政策风险、产品有强大的竞争对手、原材料紧缺导致你的成本上涨、顾客日见减少等。

当你做完SWOT分析后，如果结果是优势多于劣势，机会多于威胁，而且劣势能够找到措施加以克服，威胁也能够找到办法加以避免，就算通过了SWOT分析，这个农业创业项目就是合理的、切实可行的好项目，接着就是为这个农业创业项目制定创业计划书。优势、劣势、机会和威胁四者之中只要有一项通不过，创业者就应该修改创业项目，使之完善，或者完全放弃这个创业项目。

三、选择农业创业项目主要有哪些影响因素

创业者选择农业创业项目是一项比较复杂的决策活动，需要考虑多种影响因素，其中最主要的有以下5点：

1.创业者的市场眼光

农业创业项目哪里多，哪里少，这是一个辩证的问题，需要用辩证的眼光去看待。客观地说，农村相对落后，随着我国农业经济的发展以及越来越与国际接轨，农业创业项目选择的机会大大增多。再说得绝对

一点，有人群的地方就有创业项目，这就要看创业者有没有商业眼光去把握住。

2.创业者的兴趣

兴趣是最好的老师。创业者只有选择他喜欢做并又有能力做的事情，才会投入最大的热情，自觉地、全身心地投入到工作中去，并忘我地工作，才会迸发出惊人的创造力，才可能在困境挫折来临时毅然有足够的耐心和信心坚守下去，千方百计地克服困难，直到创业成功。

3.创业者的特长

俗语说，隔行如隔山。创业者真正想创业，又希望比较有把握的话，应该在自己熟悉的行业里选择农业创业项目，一定要对该行业越熟越好，这样做起来比较容易上手，最起码可以降低许多风险，也才能提高创业成功率。

4.创业项目的市场机会

市场是最终的试金石。农业创业项目的选择必须以市场为导向，也就是说选择农业创业项目时不能凭自己的想象和主观愿望，而应该从市场需求出发，确定创业项目市场机会的空间大小，空间越大，创业成功的可能性也就越大。

5.创业者能够承受的风险

明枪易躲，暗箭难防。在整个创业过程中，风险无处不在，许多不可控制的因素都可能成为创业路上的绊脚石。创业者把资金投入进去，谁也无法保证一定能成功、一定能够赚钱、一定能够长盛不衰。因此，在选择农业创业项目时，无论创业者对项目有多大的把握，都必须考虑“未来最大的风险可能是什么”，“最坏的情况发生时，我能不能承受”等问题，如果答案是肯定的，那么，只要项目的预期回报符合你的预期目标，就可以进行投资创业。

【小结】本专题主要讲解了选择农业创业项目的原则，选择农业创业项目的方法以及了解农业创业的影响因素，可以帮助学员去正确选择农业创业项目，选择适合自己条件的创业项目。通过这一专题的学习，农业创业项目的有关问题就基本清楚了，在理论上已经具备了创办自己企业的知识储备，关键问题就是如何将理论转化为实践，让理论知识真正为农民创业服务，只有大胆实践，大胆尝试才会具备成功的可能，争取用本专题的知识为发展一方经济做点贡献。

第三章　创业训练与实践

模拟训练一

【游戏目标】 通过模拟经营同一个企业，全面的分析研讨经营过程中的每一个环节，总结出企业发展的优势和劣势，发现经营过程中的优点与不足，并讨论修正不足。

【教学时数】 90分钟

【教学方法】 练习法、操作法、点评法。

【道具准备】 原材料、货币、银行、收购商、原料提供商、赊销市场、情景卡、企业运行周期表（表3-1）。

【开发背景】 创业训练是指在创业培训过程中，通过模拟经营、小组讨论等模式让学员学会用理论指导实践，用实践检验理论的一种学习方式。创业训练运用了大量的模拟道具，设置了逼真的场景，让学员们参与其中，有身临其境的真实性。同时充分发挥了他们的积极性和创造力，激发了学习热情，增强了创业培训教学的趣味性。在经营过程中学员们把学到的所有知识应用其中，潜移默化的加深了对理论的理解和认识，为将来的独立创业积累经验。

表3-1　企业运行周期表

星期一 购材料	星期二 制作／情景卡	星期三 销售	星期四 回收货款偿还贷款	星期五 计划	星期六 收房租	星期天 休息
			1 从银行贷款	2	3 租金20元	4
5 ___桶 金额____	6 制作	7 ___桶 金额_______	8 回收货款	9	10 租金40元	11
12 ___桶 金额____	13 制作/情景卡 （最大损失50元）	14 ___桶 金额_______	15 回收货款	16	17 租金80元	18
19 ___桶 金额____	20 制作/情景卡 （最大损失100元）	21 ___桶 金额_______	22 回收货款	23 市场变化下周各队只收三桶其余只能赊销	24 租金160元	25
26 ___桶 金额____	27 制作/情景卡 （最大损失200元）	28 ___桶 金额_______	29 回收货款/偿还银行贷款	30 赊销结算/总结算		

游戏规则：

（1）分组：将学员分为若干小组，每个小组就是一个企业，模拟经营一家化肥厂；（2）分工：企业内部选出厂长、采购员、营销员、会计等；（3）启动资金：每个企业得到启动资金200元，同时可以向银行贷款，最多可以贷款200元（贷款100元月底归还120元，贷款200元月底归还250元）；（4）购原料：所有企业都可以用游戏货币向原料提供商购买原材料（白纸），每张40元；（5）生产：每张白纸可制作一桶化肥；（6）销售：合格产品以80元/个的价格卖给收购商；（7）企业运营周期：按照企业运行周期图将企业经营分为五周（30天），星期一为购原料，原料40元一桶；星期二制作／场景卡（第一周不出现情景卡），情景卡模拟实际经营中的不确定因素（如环境污染罚款20元，厂房维修50元、获得科技奖10元等）；星期三销售，老师会对销售的产品进行检验，不合格者直接没收但不给钱，合格产品80元一桶；星期四回收货款/偿还贷款，根据销售的多少付给相应的费用；星期五制订运营计划，如下周购买多少？预留多少钱应对租金、情景卡等；星期六收房租，第一周为20元、第二周为40元、第三周为80元、第四周为160元；星期天休息。任何时间不能支付情景卡或者房租及银行贷款都视为企业破产。本月的第一天为星期四，是本月唯一一次可以从银行获得贷款的日子。根据需要各个企业可以自由贷款最多200元，也可不贷款。本月的第四周也就是最后一次购买和销售的一周，我们采用限制收购制，每个企业只收购3桶化肥，但企业可以多生产，多生产的化肥只能买给赊销市场，卖给赊销市场的有3种可能：第一，月底也就是30号归还全部货款。第二，月底归还一半货款。第三，不归还了。由各团队抽签决定。本月的29号为归还银行贷款的日子，如果不能归还视为破产。即使赊销市场有再多的钱也因资金链断裂而破产。本月最后一天30号结算，以各企业最终盈利的多少决定企业的输赢；（8）专家点评：游戏结束后，各位专家针对各组在游戏中的表现及个人在经营过程中发挥的作用进行全面分析，发现学员“创业”过程中的亮点与不足，并帮助学员弥补这些不足。

游戏启示：

（1）经营企业必须有胆识、有魄力，敢贷款，并且越多越好；不贷款的或者贷款少的企业很难获胜。

（2）领导的决策力往往是企业成败的关键。

（3）企业团队的团结力是企业良好运营的基础。

（4）企业经营过程中必须严把质量关，否则可能失败。

（5）科学的运营计划往往也是决定企业成功的关键。

（6）企业可以拿20%左右的份额去冒险，但不可赊销太多。

（7）企业的经营有时候还要靠一点运气。

模拟训练二

【游戏目标】根据创业培训前期讲授的理论知识设计本游戏，目的是充分发挥学员的想象力，让学以致用，真正做到理论联系实际，并在游戏过程中深入研讨所学理论知识。

【教学时数】180分钟

【教学方法】练习法、操作法、点评法。

【道具准备】大白纸两张，彩笔若干。

【形式】小组讨论，汇报答辩，讲师点评。

【游戏开发背景】采用了小组讨论的形式来进行模拟经营不同的企业，从企业名称、企业标志、企业选址、企业经营、成功创业者的自身要求等方面，全方位的分析研讨经营过程中的每一个环节，总结出企业发展的优势和劣势，发现经营过程中的各种问题，在集思广益解决问题的过程中，自身的经营能力得到了锻炼，也获得了最基本的创业经验。

游戏规则：

1.分组

将学员分为若干小组，每个小组就是一个企业，按照种植类、养殖类、休闲观光类、服务类等几个方面自由模拟经营一家企业。

2.分工

企业内部选出厂长、采购员、营销员、会计等。

3.组内讨论

（1）企业名称。通过小组讨论方式确定所经营企业的名称，并讨论这个企业名称的特点有哪些。并根据这个企业名称为企业设计一个企业标志，并说明其代表的含义。

（2）企业选址。为自己的企业选一个真实的地址，并依据课堂所学企业选址的诸多要求，来讨论在所选位置开办自己的企业有哪些优势与不足。

（3）市场分析。从农业市场的机遇方面分析自己的企业是否有开办的可能性。

（4）自身素质。从成功创业者的素质与要求方面讨论自己是否胜任已定的岗位？如何提高自己的素质。

（5）企业风险。从风险的防范与控制方面分析自己的企业面临哪些风险，如何防范与控制。

（6）筹集资金。从预测利润与筹集资金方面分析自己的企业需要多少资金，如何筹集等。将以上项目在大白纸上逐一简要列出。

4.答辩

以小组为单位上台汇报讨论结果。各位专家针对各组研讨结果中的不足之处进行现场提问。

5.专家点评

专家组为各组的企业规划进行点评，并评选出优胜组。

游戏启示：

（1）讨论与辩论能够加深对理论知识的记忆。

（2）一个人的智慧是有限的，通过讨论可以开启创业的灵感。

（3）讨论与辩论可以发挥出每个人的潜能。

（4）企业团队的团结力是企业良好运营的基础。

（5）模拟增加了“创业”经验。

市场考察

根据农民学员一般要立足与当地农业产业布局实施创业的特点，我们将学员的考察实习分以市为单位集中考察和以县为单位集中考察。市县两级按照山东省农业广播学校统一的标准和要求，与当地农业企业和农民专业合作社签订协议，建立全省农广校农民创业培训实习基地，由山东省农业广播学校统一挂牌。

在市场考察过程中，分组、分班进行。首先由所参观市场的主要负责人对市场主要农产品营销的情况进行详细介绍，让学员首先对企业有一个基本的了解，整个过程学员以听为主。

其次由带队指导老师引导，让学员对市场主要农产品进行参观考察。参观考察过程中指导老师就实际情况进行讲解和分析，让学员进一步的了解企业的每一个环节，达到增加学员“创业经历”的目的。

再次由学员向所参观市场的主要负责人用提问的方式，解答学员参观过程中的疑惑，进一步增加学员对企业的了解和学习。

最后聘请专家对农产品市场情况进行总评。学员对市场考察的心得体会进行总结，写出市场调查报告。

“参观考察”主要针对学员周边的典型企业进行参观考察，让学员认识到理论与实践的差别；熟知创业过程中的各个环节。同时通过对典型企业的现场参观考察，以及聆听成功企业家的创业讲解，启发学员们的创业意识与树立创业信心。

企业实习

在实践实习过程中，由于时间和企业限制，全程顶岗实习的难度较大，于是采取了按照一听、二看、三干、四查、五了解的形式进行实习。

“一听”是指听取企业负责人讲述企业的创业发展历史，重点讲述创业前期到创业成功的过程，让学员知道企业的创办很辛苦同时也不难，达到增加学员创业意识，增强学员创业信心的目的。

“二看”是学员参观了解企业原材料的供应、成品的销售以及企业团队的构成与管理。让学员真正知道企业的运营。

“三干”是采用学员到生产一线对企业生产加工的进程进行实地操作、到销售一线进行实际的销售等方式让学员更多的学习企业的实际运作。

“四查”是查看企业原材料与产品定价与销售的过程、查看财务的掌控等。

“五了解”是了解企业固定资产与流动资产的成本的核算；了解企业人工及其他成本的核算；了解计算企业利润的形成以及估测企业的利润；了解企业资金的筹措方法；了解企业风险的防范。

“企业实习”主要针对个别开放性岗位，让学员进行岗位适应、体验创业，增加学员创业的感性认识，复习并加深理论学习。树立学员创业的自信心，以便于培训后的成功创业。

学员在企业实习结束后，将实习的心得体会进行小组讨论，总结形成企业实习报告。

创业训练与实践模块是整个创业培训过程中较为重要的模块，具有重大的现实意义。

第一，激发学员对创业培训学习的积极性、增强创业培训教学的趣味性。

成人的学习不同于学生的学习，不仅具有知识性，还要有趣味性。对讲师来说，不仅仅要有丰富的知识，还要有灵活多变的授课方式。成人的记忆力随着教学方式的不同也有很大的差别，在教学中被称为“记忆力金字塔”（图3-1）。采用创业训练与实践模块的教学模式，不同于传统教学的说教，让学员们参与其中，充分发挥它们的积极性和创造力，激发了学员对创业培训学习的热情，增强了创业培训教学的趣味性。同时，加深了学员对知识的理解与记忆。

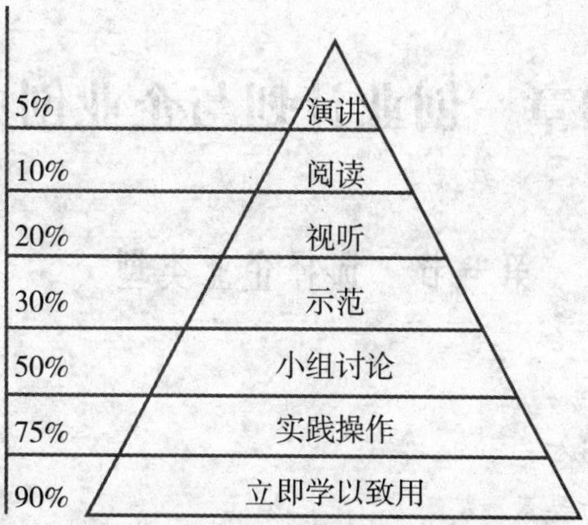

图3-1 平均记忆力比率

第二，发现学员“创业”过程中的亮点与不足，并帮助学员弥补这些不足。

常规的课堂理论学习，我们很难发现学员“创业”过程中的问题与不足，从而使教学很难有一定的针对性与实用性。通过模拟训练的方式我们很容易发现学员经营过程中所存在的种种问题，如计划欠缺科学性、经营风险过大、营销方式单一等。

第三，复习并加深理论学习。“纸上得来终觉浅，绝知此事要躬行”。被称为“实际经营”前奏曲的“模拟经营”，运用了大量的模拟道具（原材料、成品、信用社、货币等）和设置了逼真的场景（市场、情景卡等），让学员们有身临其境的真实性。在经营过程中把学到的所有知识应用其中，全身心地投入到自己企业的经营中。在这个过程中潜移默化的加深了对理论的理解和认识。

第四，增强学员的创业信心。创业是需要勇气的，因为现实中一旦创业失败，就要承受巨大的经济损失和来自各个方面的压力。在模拟练习中表现出色的学员们不仅可以克服创业的恐惧心理，而且会信心大增，跃跃欲试。

第五，积累学员的创业经验。经验是一点一滴积累起来的，没有捷径，也来不得半点虚假。通过全方位的研讨企业经营策略，可以发现经营中的各种问题，在集思广益解决问题的过程中，自身的经营能力得到了锻炼，也获得了最基本的创业经验。现场参观的感性认识和成功企业家的现身讲解也是不可多得的创业经验。

第四章　创业计划与企业创办

第一节　选择企业类型

【教学目的】

1. 企业类型。

2. 企业的法律形态。

3. 微小企业成功要素。

【教学时数】 90分钟

【教学方法】 讲授法、案例法、讨论法。

在这一专题里，我们将学习怎样认识、选择你的企业类型，知道影响微小企业成功的因素有哪些以及如何建立一个合适的企业构思。也许你已经有了一定的想法，我们还会教你怎样去验证你的构思是否可行。

如何认识企业类型？

一、企业类型

当你决定要创办企业时，你会发现，要选择一个合适的项目或一个行当来做，十分困难。因为可以做的行当太多，让你无从入手。其实，企业有很多种类型，但是，主要可以分为以下4种类型：

（1）贸易企业。贸易企业从事商品的买卖活动，它们从制造商或批发商处购买商品，再把商品卖给顾客和其他企业。其中，零售商从批发商或制造商处购买商品，卖给顾客。所有把商品卖给最终消费者的商店都是零售商，而批发商则是从制造企业购买商品，然后再卖给零售商。如蔬菜、水产、瓜果、文具、日用品批发中心等都是批发商。

（2）制造企业。制造企业生产实物产品。如果你打算开一家企业生产并销售砖瓦、家具、化妆品或野菜罐头，那么你拥有的就是一家制造企业。

（3）服务企业。服务企业不出售任何产品，也不制造产品。服务企业提供服务，或提供劳务。如房屋装修、邮件快递、搬家公司、家庭服务、法律咨询、技术培训等行业都是服务企业。

（4）农、林、牧、渔业企业。这类企业利用山岭、土地或水域进行生产。种植或饲养的产品多种多样，可能是种蔬菜或果树，也可能是养牛、猪或珍珠。

也许你觉得有些企业其实不完全符合上述分类。如果你准备开办一个汽车修理厂，你开办的就是服务企业，因为你所提供的是维修劳务服务。汽车修理厂也可能同时出售汽油、机油、轮胎和零配件，这就是说你也兼做零售业。所以，要以主要经营内容来决定一个企业的经营类型。

当把企业进行上述分类后，你可能会觉得你适合于开办某一类企业，你的思路会更加集中起来。当然，各类企业有不同的特点，你要认真分析，以便你掌握成功经营这些企业的要素。

二、企业的不同法律形态

中国民营企业的主要法律形态如下：

股份有限公司、有限责任公司、外资企业、中外合资企业、中外合作企业、乡镇企业、股份合作制企业、合伙企业、个人独资企业、个体工商户、农村承包经营户等。

微小企业最常见的法律形态是：

个体工商户、个人独资企业、合伙企业和有限责任公司。

不同的企业法律形态有不同的要求，从而会对企业产生诸多影响，这些影响包括：

（1）开办和注册企业的成本。

（2）开办企业手续的难易程度。

（3）业主的风险责任。

（4）寻求贷款的难易程度。

（5）寻找合伙人的可能性。

（6）企业的决策程序。

（7）企业利润所得。

三、选择合适的企业法律形态

选择一种法律形态时要考虑的主要因素有：

（1）企业的规模。

（2）行业类型和发展前景。

（3）业主或投资者的数量。

（4）创业资金的多少。

（5）创业者的观念（倾向个人决策还是协商合作）。

选择企业的法律形态并非易事，要考虑很多方面。你在选择企业的法律形态和注册企业时，应该寻求更多帮助。中国有专门为扶持小企业提供咨询的政府机构（如国家和各地区的工商管理局等）和非政府组织（工商联合会等），还有帮助下岗失业人员创业的劳动就业部门。

如果你要开办一家大型或结构复杂的企业，你应当听取专家和律师的意见。

记住：别人的意见只能供你参考，企业得你自己办，千万不要被别人的意见所左右。你要有主见，如果要采用他人建议的法律形态，一定要弄清楚原因。

不同的企业法律形态各有利弊，在选择自己企业的法律形态时，要考虑你的企业和对你企业将产生的影响：

（1）如果你的企业不打算借债，是否限制业主个人对企业债务所承担的责任就无关紧要，可以采用简单、经济的形式开办企业，如个体工商户或合伙企业就比较适合。

（2）如果你的企业需要借大笔钱，企业负债很高，那么限制业主个人对企业债务所承担的责任就很重要，选择有限责任公司的法律形态较为适合。

（3）如果你有国外亲戚朋友愿意投资帮你创业，可以选择中外合资或中外合作的法律形态。

（4）如果你的资金和技术不足，但有志同道合的朋友愿意一起干，不妨选合伙企业、有限责任公司的法律形态。

（5）如果你不喜欢与他人合作，怕麻烦或怕得罪人，你就考虑个体工商户或个人独资企业。

你已经选择了企业的法律形态，现在需要了解你的企业法律环境和你要承担的法律责任。所有企业主都要按照国家的法律开办和经营企业，并承担相关的法律责任。你的企业只有登记注册，才能受到国家法律保护。在开办和经营企业的过程中，要遵守国家的税法、企业法、劳动法、环境保护法等相关法律法规。

四、微小企业成功的要素

当我们对企业类型进行了了解后，你可能会觉得你适合于开办某一类企业，你的思路会更加集中起来。当然，各类企业有不同的特点，你要认真分析，以便你掌握成功经营这些企业的要素。

（一）影响企业成功的因素分析

要想使企业成功，你必须对企业的每个方面进行分析，以求在每一方面你所提供的产品或服务都是最好的。不同的企业类型有不同的特点，你要考虑以下重要因素：

1.贸易企业

（1）地段和外观好。

（2）销售方法好。

（3）商品选择面宽。

（4）商品价格合理。

（5）库存可靠。

（6）尊重顾客。

2.服务企业

（1）服务及时。

（2）服务质量好。

（3）地点合适。

（4）顾客满意。

（5）对顾客诚实。

（6）服务收费合理。

（7）售后服务可靠。

3.制造企业

（1）生产组织有效。

（2）工厂布局合理。

（3）原料供应有效。

（4）生产效率高。

（5）产品质量好。

（6）浪费现象少。

4.农、林、牧、渔业企业

（1）有效利用土地和水源。

（2）不过度使用地力和水源。

（3）出售新鲜产品。

（4）降低种植、养殖成本。

（5）恢复草场、森林植被。

（6）向市场运输产品。

（7）保护土地和水资源。

无论是什么类型的企业都应该做到：真诚服务顾客，真诚关爱员工。

微小企业创办原则：志向要大，计算要精，规模要小，起步要稳。

立志计划开办一个新企业时，计算要精，规模要小。别忘了在第一步里提到的问题：你可以用多少钱来创办你的企业。银行一般不会给新的企业贷款，除非你有存款，或有银行愿意接受的抵押物或质押物。

如果你没有多少钱，却打算开两家商店、雇10名员工、买一辆车，这显然是不实际，也是不明智的。创业初期，从小做起、实事求是、量力而行，会有以下好处：

①你可以不放弃原来的工作，用业余时间办自己的企业，直到企业运转稳定为止。

②你的配偶可以继续从事原有的工作，以后再加入你的企业。

③租赁设备比购置设备稳妥、合算。

④需要人手时，先雇非全时员工，再雇全时员工。

⑤先购买二手设备，以后再更新。

⑥逐步拓展新的业务领域，避免因财务困难而陷入困境。

⑦根据利润增长情况，制订业务拓展计划。

（二）企业的法律与责任

国家为了使所有的公民和企业在公平和谐的环境中竞争和发展，制定了各类法律法规。它们是规范公民和企业经济行为的准则，具有权威性、强制性、公平性。依法办事是公民和企业的责任。

作为一个想创办企业的小企业主来说，你也许觉得法律太多了，弄不明白。其实，和你的企业有直接关系的法律只是其中的一部分。你不必了解有关法律的所有内容，只要求你知道哪些法律和哪些关键内容与新办企业有关就够了。最重要的是你作为企业主，要知道法律不仅对企业有约束的一面，也和你的企业以法律保护。遵纪守法的企业将赢得客户的信任、供应商的合作、职工的信赖、政府的支持，甚至赢得竞争对手的尊重，为自己营造一个良好的生存发展空间。

企业竞争力的一个关键因素是员工的素质和积极性。在劳动力流动加快和竞争加剧的形势下，优秀的劳动者越来越成为劳动力市场上争夺的重要资源。所以新开办的企业一开始就要特别重视以下4个方面的问题：

1.订立劳动合同

劳动合同是劳动者与企业签订的确立劳动关系、明确双方权利和义务的协议。订立劳动合同双方都产生约束，不仅保护劳动者的利益，也保护企业的利益，它是解决劳动争议的法律依据。所以绝对不能嫌麻烦，或者为了眼前的小利而设法逃避。

劳动合同的基本内容有：

（1）工作职责、定额、违约责任。

（2）工作时间。

（3）报酬（工资种类、基本工资、奖金、加班、特种工作补贴）。

（4）休息时间（周假、节假日、年假、病假、事假、产假、婚丧假等）。

（5）社会保险、福利。

（6）合同的生效、解除、离职、开除。

一般各地都有统一的劳动合同文本，有关信息可以从当地劳动部门获得。

2.劳动保护和安全

尽管创业初期资金紧张，企业应尽量创造良好的工作条件，防止工伤事故和职业病发生，搞好危险和有毒物品的使用和储存，改善噪声、光线、温度、交通、居住等条件，以保证职工人身安全并提高他们的工作效率和积极性。

3.劳动报酬

企业定的工资不能低于本地区劳动部门最低工资标准，而且必须按时以货币形式发放给劳动者本人。有关最低工资标准的信息可以从当的劳动部门获得。

4.社会保险

国家的社会保险法规要求企业和职工都要参加社会保险，按时足额缴纳社会保险费，使员工在年老、生病、因公伤残、失业、生育的情况下得到补偿或基本的保障。为职工办理社会保险对企业来说是强制性的。

记住：一个企业如果不能为员工提供起码的社会保险，将很难吸引和留住管理和技术人才。企业主对此一定要高度重视。

目前我国的社会保险主要有：养老保险、医疗保险、失业保险、工伤保险和生育保险。办理社会保险的具体程序和要求可到当地劳动社会保障部门进行咨询。

5.商业保险

经营一个企业总会有风险。各类企业的风险有差异，并非所有的企业风险都能投保。例如，产品需求下降这种企业最基本的风险，就只能由企业自己承担；而另一些风险则可以通过办保险来减少。

企业办了保险，一旦发生了问题，员工和企业的利益可以得到可靠的经济保障。有的企业主为了省钱而不上保险，其实是很失策的。如果一家企业（制造业、林业、商业等）没上保险，其贵重设备被盗，或发生火灾时，损失全由企业自己承担。

企业的保险险种通常包括：

（1）资产保险。如机器、库存货物、车辆、厂房的防盗险、水险和火险；商品运输险，特别是进出口商品的这类险种。

（2）人身保险。业主本人和员工的商业医疗保险、人身事故保险、人寿保险等。

你要根据自己企业的情况决定投保哪些险种。一般来讲，从专为小企业提供法律事务咨询的政府或非政府机构里都能得到有关保险的信息，你也可以从当地的保险公司那里得到报价。

记住：保险公司将设法出售他们的一揽子保险。最明智的办法是比较核实各种渠道的信息，为你的新企业购买最适当的保险。

你应该考虑将保险作为一种减少部分经营风险的手段，但不是所有的项目都可以保险。履行了业主的法律责任，你的企业将更加成功。

与新办企业直接有关的基本法律见表4-1。

表4-1　与企业有关的基本法律

法律名称	相关基本内容
企业法	公司法、个人独资企业法、合伙企业法、个体工商户管理条例、中外合资合作企业法、乡镇企业法等
民法通则	个体工商户、农村承包经营户、个体合伙、企业法人、联营、代理、财产所有权、财产权、债权、知识产权、民事责任等
合同法	一般合同的订立、效力、履行、变更和转让、权利义务终止、违约责任等。具体合同如：买卖、借款、租赁、运输、技术、建设工程、委托等
劳动法	促进就业、劳动合同和集体合同、工作时间和休息休假、工资、职业安全卫生、女职工和为成年工特殊保护、职业培训、社会保险和福利、劳动争议、监督检查等

与企业相关的其他法律有：

会计法、税收征收管理法、产品质量法、消费者权益保护法、反不正当竞争法、保险法、环境保护法等。

第二节 构思你的企业

【教学目的】

1. 如何挖掘企业构思。

2. 验证你的企业构思。

【教学时数】90分钟

【教学方法】讲授法、案例法、讨论法。

一个人从产生了创业的激情与想法之后，就要做一个市场调查与分析，了解农业创业项目，学会如何选择创业项目之后，下一步你将考虑办什么样的企业，也就是你要为自己选择并建立一个好的企业构思。

一个成功的企业始于正确的理念和好的构思。合理而又周密的企业构思可以避免日后的失望和损失。如果你的构思不合理，无论你投入多少时间和金钱，企业发展的后果可想而知。

一、如何挖掘出好的企业构思

无论做什么事情，都要从实际出发，才能有的放矢，而达到事半功倍的效果，挖掘出好的企业构思有两条基本途径：从生产专长出发、从顾客需要出发。

你应当沿着两条途径同时开发你的企业构想。如果你只从自己的专长出发，却不知道是否有顾客，企业就可能会失败。同样，如果你没有技术来生产高质量的产品或提供优质的服务，就没有人来买这些产品或服务，企业也不会成功。也就是说，只有既能满足市场需要而又懂行的企业构思才是可行的。

一个好的企业构思必须包含两个方面：必须有市场机会，你必须具有利用这个机会的技能和资源。

1.你周围有哪些市场机会

一个企业以提供产品或服务来满足他人的需要，并以解决人们的问题来求得自己的生存与发展。在思考怎样创办企业时，有一个很有用的方法，就是去体会人们为满足自己的需要，或解决各自的问题时所遇到的难处。你可以从以下这些方面展开你的思路：

你自己遇到过的问题：想一想你在当地买东西和需要服务时，曾碰到过什么问题。

工作中的问题：在你为一家机构工作时，你也许注意到，由于某种服务跟不上或材料不足而影响你完成工作任务。

其他人遇到过的问题：通过倾听其他人的抱怨，了解他们的需求和问题。

你所在的社区缺少什么：在你生活的地区进行调研，看看人们缺少哪些服务。

人们遇到的问题和未满足的需要为新的商机提供了线索。优秀的创业者善于从他人的问题中发现商机。

如果人们无法获得所需要的产品或服务，这对创业者来说显然是一个填补空白的商业机会。

如果现有的企业提供的服务很差，对于新的企业来说这是一个提供更佳服务的竞争机会。

如果价格上涨很快，以至于人们连日常用品的价格都难以承受，那么就存在机遇。去寻找更便宜的货源，或不那么贵的替代品，或成本更低、效率更高的分销系统。

2.你能够抓住这些机会吗

当你建立了一个创办企业的构思时，首先要判断一下它在当地是否存在发展的机会。然后你要确定自己是否有能力利用这些机会。了解自己的能力和兴趣有助于你决定开办什么类型的企业。你要是不会烤面包，就不大可能想开面包房。在第一章里，你已经审视了你自己的技术能力。返回第一章重新看看你能利用这些技术能力来抓住本社区的机会吗?

二、验证你的企业构思

在你已经有了你创办企业的构思，并落实到文字上之后，你还需要对它进行检验。你需要知道它是否可行，经得起推敲；是否使你的企业具有竞争力和赢利能力。

测试企业构思的一种方式是进行SWOT分析——优势、劣势、机会、威胁分析法。

1.什么是SWOT分析

SWOT由Strength（优势）、Weakness（劣势）、Opportunity（机会）、Threat（威胁）4个英文单词的第一个字母组合而成。

进行SWOT分析时，要考虑你自己的企业，并写下自己企业的所有优势、劣势、机会和威胁。

优势和劣势是分析存在于企业内部的你可以改变的因素：

优势是指你企业的长处。例如，你的产品比竞争对手的好；你的商店的位置非常有利；你的员工技术水平很高等。

劣势是指你企业的弱点。例如，你的产品比竞争对手的贵；你没有足够的资金按照自己的愿望做广告；你无法像竞争对手那样提供综合性的系列服务等。

机会和威胁是你需要了解存在于企业外部的你无法施加影响的因素：

机会是指周边地区存在的对企业有利的事情。例如，你想制作的产品越来越流行；附近没有和你类似的商店；因为许多新的住宅小区正在这个地区建设，潜在顾客的数量将会上升等。

威胁是指周边地区存在的对你企业不利的事情。例如，在这个地区有生产同样产品的其他企业；原材料价格上涨将导致你出售的商品价格上升；你不知道你的产品还能流行多久。

2.SWOT分析的结果

当你做完SWOT分析后，你应该能评估你的企业构思，并作决定：

坚持自己的企业构思并进行全面的可行性研究。

修改原来的企业构思。

完全放弃这个企业构思。

切记：你必须运用SWOT分析法对自己的企业构思进行独立分析，并独立作出判断。不要依赖老师或专家，老师和专家只是告诉你如何进行分析，最终判断（决策）必须由你自己作出。

【小结】正式创办企业前，你应该花更多的时间斟酌创办企业的构思，而不是把时间花在盘算开办企业的任何具体活动上。一个不好的企业构思会导致企业失败，而一个出色的企业构思意味着企业的成功。

企业有多种类型，大致可以归为贸易（零售、批发）、制造、服务以及农、林、牧、渔业企业。为了使你的企业创办成功，你一定要肯定你已经考虑到了所要创办的企业的各个方面。

选择企业的法律形态时，既要考虑企业规模、业务特点，也要考虑创业者的价值观念。

作为一个业主，你将负有法律责任。企业的类型和法律形态将决定企业的形式和性质。法律责任包括纳税、遵守有关雇工的法规，获得营业执照和经营许可证，尊重消费者的权益，保护环境等。

当你计划开办企业时，不要想大办，要从小做起，稳步推进，这点很重要。不要好高骛远，背上不必要的沉重债务。否则，一旦由于某种原因使企业不景气，债务会把你的企业拖垮。在企业有了发展的基础上，再计划扩大业务也不晚。如果你心气太高，银行多半不会给你贷款。同时也知道影响微小成功的因素有哪些，尽可能减少各种外部因素的负面影响，让企业经营进入良性循环发展道路。

第三节　创业计划书的制定

【教学目的】

1. 影响企业计划的因素。

2. 创业计划书的作用。

3. 创业计划书的内容。

【教学时数】90 分钟

【教学方法】讨论法、操作法、案例分析法。

在寻找到创业机会之后，形成一份创业计划书是必不可少的。因为仅有创业机会，距离创业成功还很远。有了创业机会后，还必须考虑合适的创业模式、恰当的人员组合和良好的创业环境。制订创业计划，就是使创业者在选定创业项目、确定创业模式之前，明确创业经营思想，考虑创业的目的和手段，这往往会起到“磨刀不误砍柴工”的效果。

一、影响创业计划的因素

当一个创业项目在创业者脑海中酝酿时，经常是非常美妙，创业者会有抑制不住的创业冲动，在这时候，创业者可以尽情地把这个思想以创业计划书的形式写出来，然后使头脑冷静下来，把反面的理由也写进去，从正反两个角度反复进行推敲，就可以发现自己的创业理想是否真正切实可行，是否具有诱人的创业前景。所以，创业者在创业之初，通过制定创业计划书可以理清自己的创业思路，对自己的创业项目有比较清晰的认识。那么，制订创业计划要注意哪些问题呢?下面我们通过一个案例来做个分析。

江苏省海安县南莫镇南莫村赵立新带领村民发展蘑菇致富案例：

赵立新，是江苏海安县南莫镇南莫村村委会主任，2006年，在一次赴金坛市参观考察的过程中，一个种植蘑菇的项目引起了他的注意，联想到地处里下河地区的南莫镇稻草资源丰富，具有发展蘑菇中的潜力。回来后经过村委会讨论研究，决定组织村干部及种养殖大户再次赴金坛市参观学习。通过参观学习，大家一致认为蘑菇种植原材料资源丰富，经济效益好，是一个很好的项目，适合于本地种植，决定在全村发展。但在具体实施时，面对前期投入、种植技术、销售渠道等一系列实实在在的问题，有心发展的群众又有了畏惧心理。针对这种情况，赵立新采取先试验示范后推广的步骤，邀请到福建省福鼎市陈勇岸、林朝全两位师傅来该村投资，并帮助林师傅流转土地2公顷，搭建蘑菇大棚30个。他本人也亲自带头示范，建起了3个大棚作为一期工程先行示范种植，从进材料到堆料、翻料、上料以及播种覆土等，都亲自动手操作实践，待产生效益后再全面推广。

经过一系列的种植流程后，收获的季节终于到了，村民们惊喜地看到，平均每个大棚产出蘑菇5 000公斤，产值4万元，除去3万元的生产成本，每个大棚得纯利1万元，远远超过了种田所获得的收益。

经过2006年一年的试验示范，村民们耳闻目睹的事实掀起了他们种植蘑菇的热情。通过努力，2007年流转土地近6公顷，新建蘑菇大棚82个，新建食用菌菌种厂1座，交易市场建筑占地2公顷，为2007年南莫镇的蘑菇生产和销售打下了良好的基础。

蘑菇生产的关键就是控制好杂菌的繁衍，保持适度的水分和适宜的温度。要掌握这一技能也不是件容易的事，他主要抓了三件事：一是广泛开展技术培训。借助江苏省农村新五件实事之一的农民培训工程，组织蘑菇种植户及有意从事蘑菇种植的农民参加县农广校组织的食用菌生产农民创业培训班，培训老师围绕蘑菇产业发展前景、菌种生产技术、双孢子蘑菇大棚种植技术（病虫害防治）等系统地进行了讲解，同时，还印发了相关的培训资料，提升了广大农户的种植水平。二是组织配套供应种植大棚蘑菇所需的生产资料，从源头抓好原材料的质量，确保大棚蘑菇生产的成功。三是实行试验示范和技术指导。他以合作社为载体，聘请了6名专业技术人员，对全村蘑菇种植户实行全程技术指导承包，为种植户解难答疑，在技术支撑上让农民吃上一颗定心丸。

2007年年初，南莫镇以南莫村为蘑菇种植核心方，辐射到周边砖桥、校林、高杨、黄陈等村，吸纳会员102名。以成立的南通惠农食用菌有限公司为依托，形成了“合作社+公司+农户”的经营模式。投资500多万元扩建蘑菇大棚和新建食用菌菌种厂、加工厂、苏中食用菌交易市场。实行蘑菇标准化生产，做到六个统一，即统一原材料采购、统一菇棚搭建、统一菌种供应、统一技术指导、统一市场交易、统一加工销售，从而进一步整合了生产资源、降低了种植成本、维护了市场秩序、制止了恶性竞争，真正建立起了产业链，实现了产前、产中、产后的优质服务，保障了农户的切身利益，推动蘑菇种植这一产业健康、可持续地发展。

从上述例子可以看出，制订创业计划时要注意以下5个方面的问题：

1.创业计划要符合当地实际

赵立新创业之前，首先对项目是否适合本地进行分析研究，找到了本地发展蘑菇种植具备丰富的原材料资源的优势，同时在具体实施时也没有一拥而上，而是采取先示范后推广的模式循序渐进、稳步推动。也就是说，赵立新在拟订创业计划的时候，做到心中有数、符合实际。所以，制订的创业计划要切实可行，能够实施。

2.创业计划要量力而行

创业是开拓性、进取性事业，不可能一步登天。要根据自己的财力、物力、技术、特长、管理能力等因素，综合考虑创业计划。要从小做起，不要把摊子铺得过大。要脚踏实地，一步一个脚印地把自己的事业发展壮大。赵立新正是通过示范引领、逐步推进、量力而行的方法，为本地区蘑菇种植产业的发展奠定了坚实的基础。

3.创业计划要进行投资分析

赵立新在蘑菇种植面积逐步扩大的同时，开始进行市场调查，了解市场行情和最新信息，掌握他人心理，做好投资分析。在分析的过程中要尽量考虑各种影响因素，保持冷静的头脑，客观地分析各种影响因素，不能用投机的心态进行投资分析。

4.创业内容要有行业特色

一般农民都能创的业，你不要去搞，否则不会有理想的效益。你要创的业要有特色，有科技含量，有创新，否则就会短命。赵立新的创业项目不仅具有鲜明的农业行业特色，而且具备系列的技术特色，创业的成功就在于赵立新将技术和特色进行了有机结合。

5.农业创业要选择恰当的形式

创业不可避免地存在着各种无法预期的风险，尽管创业者在创业计划书中分析了创业风险的存在方面，却也难免挂一漏万。创业者可以选择恰当的创业形式来化解潜在的各种风险，譬如，可以选择加入农民合作社、农业协会或注册创办有限责任农业企业等。这些创业形式不仅能解决农民不懂生产技术、没有生产本钱、市场开拓能力缺乏等难题，而且能保障农民作为经营主体与大市场对接，是实现农业产业化、真正带动农民致富的有效途径，同时，可以通过成员间共担风险、共享利润的经济合作形式，使农民的经济活动取得尽可能高的效益，还能保留农民在其创业项目运行中的自主性质。

二、创业计划书的作用

（一）创业计划书

也被称为商业计划书或项目计划书，是全面介绍创办的企业和项目的运作情况，阐述产品市场及竞争、风险等的未来发展前景和融资要求的书面材料。创业计划书的准备通常是一个漫长、辛苦、具有创造性和重复性的过程，这个过程可以把一个思路雏形演变成一个难得的创业机会，同时，也可以让创业者对创业活动有一个更加清晰的认识，预见创业的可行性及成败。

（二）制订创业计划书的作用

1.创业计划书是创业者吸引资金的“敲门砖”和通行证

要开创一份事业，离不开资金的支持。对于创业初期的创业者，要想获得银行家、风险投资家的支持是非常不容易的。如何使创业者选择的创业项目找到所需要的资金支持是创业者顺利实现创业预期以及创业后续发展的关键所在。寻找资金没有窍门，只有靠好的想法、好的技术、好的管理以及好的市场。因此，通常来说，制定创业计划书的一个主要作用就是吸引投资家的创业资本。一篇优秀的创业计划书是创业者吸引资金的“敲门砖”和通行证。

2.创业计划是创业者的创业指南或行动大纲

制订创业计划书也是帮助创业者梳理思路并合理规划的一个好工具。正如风险投资家尤金•考菲尔德所说：“如果你想踏踏实实地做一份工作的话，写一份创业计划能迫使你进行系统的思考。有些创意听起来很棒，但当你把所有的细节和数据写下来的时候，它自己就崩溃了。”创业并不只是热情的冲动，而是理性的行为。一个看似美好的想法，经过仔细的分析，可能会被证明在市场中是行不通的。因此，在创业前，做一个较为完善的计划是非常有意义的。在做创业计划时，会比较客观地帮助创业者分析创业的主要影响因素，能够使创业者保持清醒的头脑。一份比较完善的创业计划，也可以成为创业者的创业指南或行动大纲。

三、创业计划书的主要内容

当你选定了创业目标与确定了创业的动机，而且在资金、人事关系、市场等各方面的条件都已准备妥当或已经累积了相当实力，这时候就必须提出一份完整的创业计划书。创业计划书是整个创业过程的灵魂。在这份白纸黑字的计划书中，主要详细记载了创业的一切内容，包括创业的种类、资金规划、阶段目标、财务预估、行销策略、可能风险评估、内部管理规划等，在创业的过程中，这些都是不可或缺的元素。

一份完整的创业计划书一般来说应包括以下10个部分：

1.计划摘要

计划摘要列在创业计划书的最前面，它是浓缩了的创业计划书的精华。计划摘要涵盖计划的要点，以求一目了然，以便读者能在最短的时间内评审计划并作出判断。

摘要要尽量简明、生动。计划摘要一般要包括以下内容：企业介绍、主要产品和业务范围、市场概貌、营销策略、销售计划、生产管理计划、管理者及其组织、财务计划、资金需求状况等。

2.企业（产业）简介

通过对企业（产业）的简要介绍，介绍企业过去的发展历史、现在的情况以及未来的规划。具体而言，主要包括：企业名称、地址、联系方法等；企业的自然业务情况；企业的发展历史；对企业未来发展的预测；本企业与众不同的竞争优势或独特性。当然，创业企业可能仅仅是一个美妙的产品创意，此时，把创业企业的简单情况做一番介绍是有益的，包括创业团队的组成和经历、创意的产生和创业情景等。

3.产品或服务

在进行投资项目评估时，投资人最关心的问题之一就是企业的产品、技术或服务能否以及在多大程度上解决实际生活中的问题，或者企业的产品（服务）能否帮助顾客节约开支，增加收入。因此，产品介绍是创业计划书中必不可少的一项内容。通常，产品介绍应包括以下内容：产品的概念、性能及特性；主要产品介绍；产品的市场竞争力；产品的研究和开发过程；发展新产品的计划和成本分析；产品的市场前景预测；产品的品牌和专利。

4.人员及组织结构

有了产品之后，创业者第二步要做的一支有战斗力的管理和技术人员队伍。企业管理的好坏决定了企业经营风险的大小。而高素质的管理人员和良好的结构则是管理好企业的重要保证。企业的管理人员应该是互补型的，而且要具有团队精神。技术人员是一个企业产品的质量保证，是一个企业可持续发展的核心和关键。一个企业必须要具备负责产品设计与开发、市场营销、生产作业管理、企业理财等各个方面的专门人才。

5.市场预测

产品或服务内容的市场情况将决定未来企业营状况。没有市场需求的产品或服务是不可能有生命力业计划中，要说明创业产品或服务内容的市场需求情定位、成长性、利润率情况；销售或服务的区域和方式或服务的市场竞争情况等。

创业计划书中，市场预测应包括以下内容：市场现状、厂商概览、目标顾客和目标市场、本企业产品的市场地区域和特征等。企业对市场的预测应建立在严密、科学业对市场调查基础上。创业者应牢记的是：市场预测不是凭空想象出来，事先要进行详细的市场调查，对市场错误的认识是企业经营失败的最主要原因之一。

6.营销计划

营销是企业经营中最富挑战性的环节。影响营销的主要因素有消费者的特点、产品的特性、企业自身的状况和市场环境方面的因素。

最终影响营销的则是营销成本和营销效益因素。

在创业计划书中，营销计划应包括以下内容：

①市场机构和营销渠道的选择。

②营销队伍和管理。

③促销计划和广告策略。

④价格决策。

对创业企业来说，由于产品和企业的知名度低，很难进入其他企业已经稳定的销售渠道中去。因此，企业不得不暂时采取高成本低效益的营销战略，如上门推销，大打商品广告，向批发商和零售商让利，或交给任何愿意经销的企业销售。对发展中企业来说，一方面可以利用原来的销售渠道；另一方面也可以开发新的销售渠道以适应企业的发展。

7.生产的规划

生产的规划是对已确定的产品在生产过程中按厂房、设备、人员、技术、资金以及生产活动所需要的支持等方面的要求进行设计。要根据生产的规划制订详细的生产计划。生产计划主要描述生产的设备要求、厂房要求、人力资源要求、技术要求、进度要求、原材料要求、质量要求等方面问题。也就是说，生产计划主要是解决如何进行生产、如何保品质量的问题。生产计划可以分阶段制定，从起步阶段开始，随着企业进入正常经营状态后，产品需求的增长速度要与创业生产计划能力保持同步。

8.工作进度安排

创业计划要注明创建工作的时间进度安排，详细说明工作内容、工作要求、执行时间、执行负责人等内容，最好是拟订一份创建工作进度安排表。创建工作进度安排表包括做好市场调查，确定创业的产品或服务的内容，进行产品、服务及包装的设计，选择厂址，购置生产设备，招聘员工，制作广告并创意促销方案，领取营业执照，银行开户，税务登记，开业典礼等内容。执行时间可以交叉安排。

9.风险预测

创业是一个高风险的自我挑战，面对风险，创业者要积极面对，而不是消极对待。要详细说明项目实施过程中可能遇到的风险和发生的概率，提出有效的风险控制和防范手段。风险通常包括技术风险、市场风险、管理风险、财务风险、政策风险、自然风险以及其他不可预见的风险。

10.财务预计

创业计划要说明创业工作需要的财务总预算，要分项列出建设厂房的总造价、生产设备的总投资、为创办企业应缴的各种费用、创业产品的原材料价格、生产工人和管理人员的工资、生产流动资金等。

财务预算要对创办企业所需要的全部资金进行分析、比较、量化，制订出资金需求和资金分阶段使用计划。制订财务预算计划要尽可能做到细致、准确、全面，不漏项、不低算、不高估。分阶段资金使用计划要详细，还要适当考虑一些不可预见的因素。

下面我们先来看××生态农业有限公司创业计划书的样本。

一　摘要

公司名称：××生态农业有限公司

联系地址：××市××区××镇××村

联系电话：×××××　　　　　　联系人：×××

本公司集养殖和种植及销售为一体，总占地面积6公顷。其中，小龙虾养殖占地2.67公顷，速生菜种植占地3.33公顷。其所有产品均销往××市及周边地区，员工15人。本公司建立在美丽的滠水河畔，远离工业和生活污染，坚持以绿色环保理念生产，严格地对农药、化肥及饲料把关。所生产的小龙虾个大，颜色红亮，味美可口；蔬菜品质优良，安全放心。随着国际国内市场对绿色无公害食品的需求量大增，公司将实行滚动发展，扩大生产规模，实行产业链延伸。发展相关产业，带动地域经济发展。至2014年，公司将发展到占地面积12公顷，年销售总额150万元，员工40人。

二 公司概况

1. 公司简介

（1）××生态农业公司地处××市××区××镇××村。2009年8月18日经××市××区工商行政管理部门登记注册成立，注册资金5万元，实际到位资金3万元，其中，现金2万元。

（2）公司主要以养殖和种植及销售为主。其中，养殖主要项目是小龙虾，规模为2.67公顷，其所有产品销往××市及周边地区。公司员工有15人。

（3）本公司的成立将带动本地群众种、养观念的更新。经济效益提高也给地区、城区菜篮子提供了一份保障。

2. 公司成立背景

本地区原是散户经营，种植和养殖不成规模，效益不明显。自公司成立后，集约土地资源，统一引进优良品种，扩大种养规模，改变种养模式，得到了政府农业部门的大力支持。

3. 公司的经营方针、发展战略

依托科研机构，集中专家智慧，开发绿色种养模式，造福人类社会。公司的口号是：以最小的土地面积资源，创造最大的经济利益。公司以绿色环保生产为宗旨；以市场需要为主导；以商业诚信为基调；以行业创新为理念；以做强做大绿色城郊农业为目标。

为取得社会效益与经济效益的双赢，公司加强了以下几个方面的工作：

（1）整合已有资金和土地资源，充分利用好、管理好。

（2）抓好品种的创新，提升产品质量。

（3）在品质不断提高后，争创优质品牌。

（4）提高员工素质，加强技能培训。

4. 公司人员及外部支持

（1）公司经理：×××，男，40岁。1998年起从事养殖和种植业并取得较好的经济效益，多次被农业部门选送农校培训；为人精明强干，性格谦逊；管理能力强，对所从事行业非常熟悉，有一定的人格魅力。

（2）公司副经理：×××，男，35岁。年轻力壮，富有朝气；头脑精明，具有开拓精神，特别在营销方面很有能力。

（3）公司其他人员情况：公司现有员工15人，平均年龄40岁。其中，管理人员2人，男性员工13人，女性员工2人，他们都是种养行业的能手。

三 产品与行业介绍

1.公司产品介绍

（1）小龙虾

随着人民群众生活水平的不断提高，食品种类不断丰富，而小龙虾是被广大市民及国际人士认可的不仅味美而且营养丰富的一种食品。因此，小龙虾的市场需求越来越大，养殖经济回报率高，一直以来都被养殖户看好。

（2）汗菜、竹叶菜等速生叶菜

种植周期短，茬口多，能及时轮作和及时补充市场需求，效益可观。

2.本公司产品特点

（1）本公司建立在美丽的滠水河畔，坚持以绿色环保为理念进行生产，远离工业和生活污染。

（2）严格地对农药、肥料及饲料进行把关，生产出的小龙虾个大、颜色红亮、味美可口；蔬菜品质优良，安全放心。

3.行业和市场

（1）行业介绍

××省是我国中部的农业大省，是中部崛起战略的中心省份，而××市是中部崛起的支点城市，因而××市的快速发展成为中部地区尤其是××省发展的重要标志。××市作为××省最大的城市，占据××省重要的经济地位，它的发展速度和程度可以直接为周边城市提供参照和机遇。同时，××市相关产业的发展不仅可以为当地人民带来福利，还可以拉动周边城市相关产业的发展。发展农业产业化是××市解决“三农”问题的重要支点。因此，都市农业的发展，特别是种养行业成为政府大力支持和大力扶持及推广的行业。

（2）市场介绍

××市作为一个特大的城市，不仅常住人口多，而且流动人口也多，食品需求量非常大。本公司距市区不到10千米，市场行情信息畅通，绝大部分产品直接销往市区。

四 基本经营模式

1.公司是独立经营性质，实行“贴近终端、服务营销、综合经营”的策略，快速做大做强；充分整合企业与市场资源，让利于民，实现市场的持续发展；创建服务营销为主题的营销模式，实现较高的市场增长。

2. 以改善品质，发展品牌来提高知名度。

3. 坚持绿色环保生产，实行质量跟踪和责任追究制度。

五 项目发展计划

近30年来，水产养殖业在全球动物性食品生产中增长最快，而其中中国的水产养殖产品的生产贡献最大，特别是最近几年来，中国水产品养殖产量约占世界水产养殖产量的2/3，可以说中国为世界其他国家，特别是发展中国家，就发展水产养殖业树立了良好典范。本公司将扩大规模生产，实行产业链延伸，发展相关产业，带动地域经济发展。

1. 近期发展目标

（1）公司将在2010年、2011年两年内组建养殖分场和种植分场以及销售3个单位。

（2）2010年、2011年两年内养殖销售额达到25万元。

2. 中长期目标

（1）公司到2014年，养殖水面达5.33公顷，销售额达到60万元。

（2）种植速生菜面积扩大到6.67公顷，销售额达到50万元。

3. 阶段资金用途及金额

（1）第一阶段，虾池建设4万元，支付地租9 000元。

（2）为种植速生菜而购置微耕机、灌溉设备10 000元，支付地租12 000元。

4. 公司未来5年目标（见表4-2）。

表4-2 公司未来5年目标

指标 \ 年度		2010年	2011年	2012年	2013年	2014年	合计
小龙虾	销售（公斤）	10 000	12 500	15 000	17 500	20 000	750 000
	营业收入（公斤）	150 000	180 000	210 000	350 000	600 000	1 490 000
速生菜	销售（公斤）	25 000	280 000	350 000	400 000	500 000	1 780 000
	营业收入（公斤）	125 000	336 000	525 000	640 000	1 000 000	1 626 000
总收入（元）		275 000	516 000	735 000	990 000	1 600 000	4 116 000
毛利润（元）		120 000	250 000	390 000	680 000	1 080 000	2 520 000
净利润（元）		120 000	250 000	390 000	680 000	1 080 000	2 520 000

六 风险及其控制

1. 技术风险

（1）小龙虾养殖技术已逐渐成熟，其种苗已通过科研部门研究并养殖出比野生小龙虾更优良的品种，它的饲料广泛，生长迅速、容易饲养。

（2）速生叶菜类生产已多年，品种也是不断更新，越来越优良，本公司依托××市蔬菜技术服务总站的技术指导，对蔬菜的病虫害适时进行监控与防治，产品质量、产量有保障。

2. 项目实施风险

本公司项目实施得到本地各级政府的大力支持，加上市场需求不断上升，所以项目实施将顺利进行。

七 生产与经营

1. 生产与服务

（1）生产过程

小龙虾生产过程：整理虾池→放养种苗→饲养管理→捕捞→销售。

蔬菜生产过程：整理土地→选种→育苗栽培→管理→采摘→销售。

（2）控制成本

公司采用小龙虾养殖饲料与天然草料混合饲养，蔬菜种植大量使用自然农家肥等措施来控制成本。

（3）质量控制方案

公司将坚持绿色环保理念，坚决抵制激素饲料和违禁农药的使用，达到产品无污染，绿色无公害。

2. 生产类型

（1）小龙虾生产技术

虾池底部挖“井”字形池，宽1米，深1.5米，并在池内设许多浅滩，以利于龙虾产卵。虾池周边加设防逃设备。

（2）蔬菜生产技术

建设设施大棚，搞好茬口轮作，有效利用土地，同时加强病虫害的检测和防治。

（3）加强员工技术培训工作

3. 生产营业设施设备

土地微耕机一台，小龙虾池防逃设施、灌溉设备一套，小型农用运输车一台。

4. 供应情况

小龙虾种苗从农林科研所购进，饲料、蔬菜种子、肥料农药从××市场购进。

5. 技术保障

小龙虾养殖技术依托××区农业局水业部门专家作指导。实行全程记录生长情况，供专家参考指导。

蔬菜种植及病虫害防治依托××市蔬菜技术服务总站，指导老师为高级农技师×××，栽培指导老师为高级农艺师××。

八 市场与营销

1. 市场分析

本公司的小龙虾有50%销往××市新世界水产品市场，约5 000公斤，金额10万元；50%直销××酒店，约5 000公斤，金额10万元。

本公司速生蔬菜的80%约350 000公斤销往××蔬菜大市场，营业额为56万元左右；20%本地直销，约90 000公斤，营业额为18万元。

2. 市场的形成背景和发展速度及推动因素

本公司地处××市城郊，发展养殖小龙虾和种植蔬菜，其市场非常大而稳定。

（1）国际市场

欧美市场每年需消费淡水小龙虾12万～16万吨。而我国小龙虾每年出口一直保持在2万～3万吨，因此，淡水小龙虾的出口大有可为。

（2）国内市场

淡水小龙虾在国内的消费非常火暴，尤其以江苏南京最盛。“十三香龙虾”、“水煮龙虾”、“手抓龙虾”称誉大江南北。而××市的“油焖大虾”、“虾球”等各种吃法也遍布整个城区。每年6～10月份，仅南京每天消费小龙虾就可达70～80吨，这种消费正向全国大中城市蔓延，从目前国内形势看销售量在8万～10万吨/年。

目前，我国生产的小龙虾主要是克氏蟹虾，产量不高，但价格逐年上升。2009年市场零售价为8～12元/公斤，2010年涨到24～36元/公斤。据预测以后还要上涨。速生叶菜以其生长快速而能填补季节菜断档的空白，生产销售一直非常好，价格也很可观。

综上分析，本公司将发展生产至2014年，养殖、种植面积都要在公司成立初期的基础上翻一番。

九 内部管理

1. 本公司组织结构图

经理、副经理、员工。

2. 职责职能说明

经理，负责管理公司全盘。

副经理，负责具体业务操作领导。

员工，所有员工服从组织，安排并办好分内每一件事。

3. 人力资源规划

本公司至2014年，副经理达到3名，员工达到40人。

4. 培训计划

通过有计划的系统培训，不断提高员工业务水平，例如，岗前培训、业务培训、专业进修等。

5. 激励机制

按劳计酬，实行绩效与奖金挂钩机制；组织学习；报销本公司分内开销机制；评先进模范机制等。

十　财务

具体财务状况见表4-3。

表4-3　公司财务状况　　（单位：元）

项目 \ 年度	2010年	2011年	2012年	2013年
一、主营业务收入减主营业务成本	275 000 140 000	516 000 250 000	735 000 370 000	990 000 500 000
二、主营业务利润减地租费	85 000 27 000	150 000 28 000	240 000 35 000	30 000 50 000
三、其他费用	5 000	8 000	10 000	15 000
四、利润总额	53 000	114 000	195 000	235 000
五、净利润	53 000	114 000	195 000	235 000

四、创业计划书的论证

从近两年的农民创业培训来看，要求参加培训的学员完成一份较为完整的创业计划时，许多创业计划书中往往比较容易犯以下一些错误：

1. 做什么不明确，市场的差异性和目标市场在哪里描述不清楚

对自己提出的创业计划与目前市场上已有的产品或服务，不能明确指出其差异在哪里。

2. 怎么做不明晰，创业模式不清楚

如何获得利润、哪个最终客户给付款经常没有说明。

3. 市场潜力和规模缺少调查和依据

有不少内容出于主观臆断，而不是出于客观的市场调查。

4. 团队创建是凑合，而不是融合

通常为了筹建一个看似“全面”的团队而到处找人，但每个人在团队中的作用如何、是否具有相关的工作经验却描述不清。

5. 财务分析中现金流分析不够

没有让人信服的资金周转方案，对资金何时投入、何时回笼都没有清楚的描述。

另外，创业计划书格式雷同，照着一个通常的模板生搬硬套，缺乏自己的理解和认识。所以说，当创业者已经激发起创业的勇气、找准了创业的项目、拥有了创业的资金、制订了创业的计划时，是否就可以动手创业了呢?我们认为，具备了这些条件还不够，还有一个重要的环节需要我们去完成，即创业计划方案制订后，不能马上实施，必须进行充分论证，否则就算创业目标非常明确，创业过程中的一些技术要求、方式方法；人员组合等方面出现的问题也会使创业多走弯路，甚至导致创业的失败。

如何进行创业计划的论证呢?一般来说有以下几个环节：

1. 专家论证

在有条件的情况下，要请几位本地区的专家或行家对创业计划进行充分论证，多挑计划中的不足，多找计划的毛病，多提反对意见，从而进一步完善计划。请专家论证虽然会增加一些论证费用，但得到的回报会远远超出花费。投资额超过50万元以上的项目，最好要召开论证会，多请一些同行专家参加，一次论证不满意，经过修改后再论证，直到满意为止。

2. 多方咨询

寻求有丰富经验的律师、会计师、熟悉相关政策的政府官员、专业咨询家的帮助是非常必要的。比如，向行业管理部门进行咨询，他们对你所准备从事创业的行业有总体上的认识和把握，具备一般人不能具备的预测能力，能够通过行业的优劣特点、行业的市场状况、行业的竞争对手、行业的法律约束等方面的分析给你以帮助。他们的建议有时能让你的创业计划在实施中更加完美。

3. 风险评估

创业的风险不能低估，要充分了解同行的效益情况，要预测市场的变化，要充分估计到如果产品卖不出去怎么办、行业不景气怎么办，还要包括季节气候的变化、竞争对手的强弱、客源是否稳定等情况，这些风险对创业者而言极为严重，有时甚至会导致创业的失败。对于这一系列问题，创业者都要有完整而周密的考虑和应对措施。

【小结】一个创业者要实施自己的宏伟蓝图，将自己的梦想变为现实，首先要将想法落实在书面上，然后使头脑冷静下来，把反面的理由也写进去，从正反两个角度反复进行推敲，就可以发现自己的创业理想是否真正切实可行，是否具有诱人的创业前景。创业计划书就如一部功能超强的电脑，它可以帮助创业者记录许多创业的内容、创业的构想，能帮创业者规划成功的蓝图，而整个创业计划如果翔实清楚，对创业者或参与创业的伙伴而言，也许更能达成共识、集中力量，这无疑是帮助创业者向成功迈进。当然，处于不同阶段的创业计划书的重点也会有所不同，应根据实际情况对上述内容进行必要的组合或拆分。计划书制定过程中最好是找一些专家学者进行有关方面的论证，降低风险，保证创业成功。

第四节　创办你的企业——实施创业计划

【教学目的】

1. 完成你的创业计划。
2. 实施创业计划的基本程序。
3. 稳定开办企业的行动计划。

【教学时数】90分钟

【教学方法】讨论法、讲授法。

在创办一个企业之前，你需要收集和利用大量的信息。在顺利完成了前面所有步骤之后，你已经掌握了充足的信息来完成你的创业。然后对所有信息进行综合分析，完成并充实你的创业计划，再度判断你的创业项目有多大的成功机会，从而决定你是否应该创办这个企业。

一、完成你的创业计划

你的创业计划一定要写得很详尽，它应该包括以下几部分：

1.概要

概要高度概括创业计划各部分内容的要点，勾画出企业的轮廓。概要的内容要全面，条理要清晰，它是你的新企业给人的第一印象。这部分尽管是在最后写成，却要放在创业计划的首页。

2.企业构思

企业构思概括描述你的企业，重点说明你要推出的产品或提供的服务，以及你的顾客群体。

3.市场评估

任何生意都是通过满足顾客需求而获得利润。对市场的大小、未来的前景以及顾客、竞争对手都要进行调查和了解。市场营销计划说明你针对什么特定顾客群的需求来确定产品的市场定位，详细介绍产品或服务的特点、价格、营业地点、销售渠道和促销方式。

4.企业组织

这部分谈你将如何组建新企业，包括企业的法律形态、组织结构、员工和你的职责。

5.企业财务

任何企业的目的都是赢利。创业计划的这个竞争不是要你通过测算销售额、成本和利润来反映企业的效益和启动资金的需要量。

6.附件

一般来讲，你提供的信息越详尽，获取帮助的机会就越大。所以诸如申请哪种营业执照、产品或服务目录、价格表、岗位责任和工作定额等均应附在创业计划后面。

不同类型的企业可以用适用自己情况的格式来写创业计划，上述格式是我们的培训所要求的。只要你能根据上述要求写出你的创业计划，再写其他形式的创业计划对你来说也就没有困难了。银行等金融贷款机构可能要了解的情况会更加详细，或要求你用另一种格式写创业计划，但上述内容均不可少。

二、实施创业计划前的准备

创业存在很大的风险，只有“知己知彼”，才能“百战不殆”，不可不做充分的准备。创业准备一般包括自身条件准备、创业项目确定和创业条件准备3个方面。我们先看一个案例：

【案例】

创业，我要做好哪些准备

陈某在城里开出租车积累了一部分资金，希望能找到一个新的投资项目。刘某在小镇上拥有一座400平方米的门面房，想从事农资经营，苦于没有资金来源。偶然的机会，刘某在陈某的出租车上与朋友谈起心里难事，说者无意，听者有心，俩人一拍即合：陈某出资金，刘某提供门面房，合伙成立一家农资批发公司。说干就干，第二天他们就到工商局企业登记窗口进行咨询，了解公司创办需要哪些手续，需要经过哪些程序。

【点评】创业既包含机遇，也存在风险，这是每一个创业者都会想到也都会遇到的。通过策划和调研，真正确定了创业的项目，制定了创业计划书，开始实施创业计划时，你必须对创业规模、组织方式、组织机构、经营方式等方面作出决策，这将涉及一系列具体的问题，包括资金筹措、人员组合、场地选择、手续办理等。在这里，我们将告诉你实施创业计划的一些条件准备和基本程序。

由以上案例可以看出，决定创业，自己当老板，就要对创办企业有充分的准备，包括资金、人员组合、场地选择和经营准备。必须要有一定的资金，资金是创业的物质基础，是创业成功的必要保证，也是决定创业规模的重要因素。这就要求创业者在进行创业前筹集到一定数量的资金，筹集创业资金的方法主要有储蓄自备和借贷两种。

1.资金筹措

我国有句俗话叫做“巧妇难为无米之炊”，一个创业者，无论他有多强的经营能力，只要决定创业，自己当老板，就必须要有一定的资金，如果没有资金，那就什么也干不成。所以无论是在创业初期，还是在创业过程中，筹集发展所需要的资金都至关重要，资金是创业的物质基础，是创业成功的必要保证，也是决定创业规模的重要因素。这就要求创业者在进行创业前筹集到一定数量的资金。筹集创业资金的方法主要有储蓄自备和借贷两种。

（1）自备。决定创业、自己当老板有一个过程，在构思创业规划和设想的时候，首先会考虑到资金问题。也就是说，准备创业自己当老板的同时，就要筹划创业资金的来源。我们在创业的起步阶段一般都是小本经营，可以利用自己或家庭的储蓄作为创业资金。

（2）借贷。中国人的传统思想是不愿意向别人借贷，即使有时遇到暂时的资金困难，也不愿意向别人借贷，往往就失去了很好的创业机遇。随着社会的发展，传统的观念正逐步改变，要想成就一番大业，借贷是必要的手段。利用银行的钱办自己的事，利用明天的钱办今天的事，借用别人的钱创办自己的业，借钱来增加自己的资本，这是勤劳致富、成就一番大业的重要方法。借钱的好处是使自己有足够的创业资本，能够有条件开创比较理想的事业。然而，借贷有利也有弊，如果借贷数量比较大，创业不成功或者创业收益不理想，将来连本带利归还的风险比较大。因此，借贷前要充分论证，充分考虑风险因素；借贷数额占投资总额的比率最好不超过五成。在通常情况下，借贷有两种方式：

① 向亲友借贷。在创业的起步阶段，必须有一定数量的资金，而刚刚创业的人，一般自有创业资金都比较少，要想成就一番事业，只有向银行借贷或者向父母、兄弟姐妹、亲友借贷筹集资金。在一般情况下，父母、兄弟姐妹、亲友都会支持，为我们的创业提供经济帮助，为创业者的创业成功提供精神和物质支持。虽然是向父母、兄弟姐妹、亲友筹集创业资金，但最好能订立借贷借据，同时要按期归还。因为拖延还款期限会影响到自己的信誉。一个没有信誉的人，在商场上将难以立足。另外，在向别人借钱时，最好集中在少数的特定对象上，万一发生经济纠纷，可以缩小影响面。

② 向银行借贷。向银行借贷，已经被越来越多的创业者所接受。可以说，每一个成功的创业者，都先后得到过银行的支持。向银行贷款买楼，由于有楼宇契约作为担保抵押，所以银行一般都愿意借贷，风险也不大。但是，向银行借钱做生意，情况就会不一样了。由于从事任何行业投资都可能有风险，银行为了确保借贷资金的安全，必须对客户进行详细的考察。银行比较重视的是客户的信用与客户对金钱的价值观念。除非客户的收入稳定，或与银行往来的信用较佳，否则银行是不会轻易将资金贷出的。

（3）风险投资。将自己的创业计划提供给风险投资公司或投资者，如果得到他们的认可，就可以得到他们的资助。目前，中国的风险投资公司的发展还处在初始阶段，很难找到这类投资者。

一个创业者完全依靠自己的积蓄进行创业经营活动可能是很困难的。依靠借债从事创业经营活动是当今时代很多人常用的一种方法，很多地区、企业或个人就是靠“借贷”走上发展之路的。

目前，创业者在吸引创业投资上存在以下误区：

① 筹钱心切。常会为一点小钱出让大股份，或贱卖技术或创意，从而失去主动权。

② 随意违约。对投资协议稍有不满就肆意毁约，结果上了资本市场的“黑名单”。

③ 过于执著。即使投资人不能提供增值性服务，仍与其捆绑在一起，而不懂得及时掉头。

④ 不负责任。烧别人的钱圆自己的梦，结果两败俱伤。

这就要求创业者引资时，一定要选那些真正有实力、能提供增值性服务、创业理念统一的投资者，哪怕这意味着暂时放弃一些眼前利益。

2.人员组合

选择了创业目标，制订了创业计划，明确了创业模式，确定了产品或服务方案，资金也筹措到位后，选择最佳的人员配备和组合就成了创业者的一个重要任务。

创办一个企业，如果有一个充满活力和凝聚力、具有协调性和开拓性的人员组合体，这个企业必将有一个良性发展的开端，能极大地调动起每个员工的工作积极性，营造出一个团结协作、以企为家的和谐氛围。

人员的组合只有在一定的范围内，依据有关方法，遵循必要的人员组合原则和标准，才能使人力资源配置达到最佳状态。

（1）人员组合的范围。人员组合是指以创办的企业的性质、工作的岗位、参与者的身份等为对象，明确人员组合的范围，如发起者、创办者、合伙者、投资者、参股者、被雇佣者、管理者、技术员、生产者等。

（2）人员组合的方法。在企业的内部，由于各类人员的工作性质不同、身份不同，人员组合的方法也有差异。

①岗位组合法。根据工作岗位的多少，各岗位的工作量、劳动效率、轮班次数和出勤率等因素，来组合人员的一种方法。

②效率组合法。根据生产任务（工作量）和劳动效率（劳动定额）以及出勤率来确定人员组合的一种方法。这一组合主要适用于以手工操作为主的企业生产。

③资本组合法。根据创业者投资的多少、形式的不同来确定人员组合的一种方法。它可以分为合作组合、合伙组合、雇佣组合等人员组合形式。

④业务分工组合法。根据创办企业的性质而划分的业务性质、职责范围和工作量来确定人员组合的一种方法。这种方法主要适用于企业管理人员和工程技术人员，而且应有适当的比例才能达到合理的人员组合要求。

在实际操作中，创业者可根据不同工作性质，区分各类人员的不同情况而具体运用，或把几种方法结合起来使用，以确定先进合理的人员组合方案。

（3）人员组合的原则

①高效、精简、节约的原则。提倡兼职，充分利用工作时间，节约人力资源。简化管理层次和简化业务手续，以节约企业运行资本，形成统一、灵活和高效的指挥系统。

②风险共担、利益共享的原则。创业之初，因市场历练不足，难免在激烈的市场竞争中运筹时出现差错、遭受损失，创业人员应有充分的心理准备。创业者之间要做到共进退，必须通力合作，形成凝聚力，抗击风险，赢得市场，获得利益。这样，一方面是为了防止合伙者不正当地规避风险，对其他合伙者造成利益的损害；另一方面也是为了提高抗风险的能力，加强创业者之间的同心力。

③事业第一，亲情、友情、人情第二的原则。所谓“商场无父子”就是这个道理。创业之初，如果过多地考虑亲情、友情、人情，你的一切就被束缚，创业就不能严格管理、高效运作、令行禁止，最终就不可能有好的效益。

（4）人员组合的标准。人员组合的标准是指在创办企业时，依据企业性质、生产技术条件、工作岗位设定等进行人员组合的数量限定。人员组合标准是考察所创办企业用人与组合是否先进合理的尺度。不同的创业模式，人员的组合方式和数量限定也不相同，但一般来说应遵循人员组合的相关原则进行确定。

创业之初，各种事情千头万绪，人员组合方式多样。志同道合者走到一起，共创一番事业，最佳的人员组合能使创业者迈出坚定而又成功的第一步。

3.场地选择

1991年4月23日，麦当劳在中国的第一个餐厅开业，由此创造了新的纪录，成为中国发展最为迅速、市场占有率最高的快餐食品。麦当劳的创始人曾经提到，商业成功中的3个重要因素就是选址、选址和选址。对于商业服务企业，只有选好址、立好地，才能立业、立命。有经验的企业家都能意识到选址定位的重要性。一些快餐业和超市连锁店经营失败的直接原因就是选址不当。

无论企业是刚刚开始，还是企业已经发展到成熟期，选址定位对企业的发展都是相当重要的。虽然选址要花费一定的精力、时间或金钱，但是如果能提高成功的概率，你所投入的一切完全是值得的。

创业者在立志创业以后，在确定创业目标、拟订创业计划、筹集创业资金等的同时，要考虑创业的厂(店)址问题。对于任何企业，其所处的地理位置在很大程度上将决定企业能否成功，特别是所创企业从事零售业或服务业时店址更可能成为企业能否成功的关键。因此，创业者一定要慎重地选择企业的厂(店)址。

厂(店)址的选择与企业类型有关。开办工厂，要考虑生产必需的供水、供电、供气、通信以及道路交通等问题。开办第三产业企业，要考虑方便顾客，着重考察客流量、进出口、供送货路径、停车场等情况。无论是办工厂还是办第三产业企业，都要考虑城市规划，不要在近期可能要拆迁的地段开办工厂或第三产业企业，要用发展的眼光考虑、分析问题。选址一般应遵循以下5个基本原则：

（1）比较优化原则。在选址时，应该利用他人的经验，对现有的企业进行比较分析。另外，要多渠道搜集信息。可以通过网上查询、行业组织协查、政府部门政策咨询、报纸杂志等途径收集信息，并进行细致分析，作出相应的决策。

（2）市场最优原则。寻找在都市化进程中能够自发形成商业活动的中枢热点，实现市场环境最优。

（3）经济分析有利原则。一般来说，经济投资的目的是创造利润，使资本增值。在投资期内纯利水平至少应达到银行利息的两倍，在投资期限内投资回报率应在2.5倍以上。

（4）发展优势原则。现实的黄金地带，往往存在着激烈的市场竞争。一个具有长远的战略性目光的企业家，往往能够发现和挖掘被竞争者们忽视的市场，选择有发展机会的小城镇或在大城市的郊区建立起大型的批购折扣商店。

（5）特殊性原则。有些企业的选址，由于行业的特殊性，需要充分考虑环保、防疫等要求。比如养殖场场址选择。

4.经营准备

创业者经过艰辛努力，终于成为合法的企业经营者，进而到了展现其经营管理才华的时候了。企业经营者对自己最需要加强的能力和素质的认识状况见表4-4。

表4-4 加强能力和素质认识状况

	被选频率（%）	
	青年企业经营者	45岁以上者
决策能力	50.3	56.9
管理技能	44.0	46.0
市场经验	36.5	40.9
知人善任的能力	28.9	24.8
对本行业技术发展的预见能力	24.2	26.0
创新能力	24.0	18.7
文化素质	15.5	7.3
观念更新	13.8	16.0
政策水平	12.7	14.8
思想修养	12.0	12.2
法制观念	11.4	9.9
公关能力	11.4	9.7
冒险精神	1.9	7.4
民主作风	5.3	8.4
其　　他	1.0	1.0

从表4-4中可以看到，企业经营者对自己最需要加强的能力和素质有了清醒的认识。一方面，企业经营者要在决策能力、管理技术、市场经验、知人善任的能力、对本行业技术发展的预见能力、创新能力、文化素质、观念更新、政策水平、思想修养、法制观念、公关能力、冒险精神、民主作风14个方面查找差距和不足。从另一方面讲，这14个方面也就是我们自己做老板应具备的综合素质和能力。我们充分提高自己的目标，就是要努力在上述14个方面达到市场经济对我们的要求。当然，综合素质和经营能力的提高不是一朝一夕的事情，应在市场经济的实践中、在具体的业务中，有目的地不断培养、提高自己，使自己尽快实现从一个待业失业人员到一个经营者的转变。

对于处于创业初期的小企业、小公司，一般还没有发展到专业化管理阶段。老板常常是管人、管事、管财务，一人做多项管理工作。但是，不要忘记老板的最重要的角色是企业的领导。船虽小，也需领航人。作为管理者，必须具备一定的管理知识和管理才能。

三、实施创业计划的基本程序

陈某和刘某到工商局咨询后，俩人商定，根据自己现有的实力，选择有限责任公司这个形式，因为相对其他组织形式来说，它的注册资金比较低，也比较适合陈某和刘某的情况。他们根据工商局提供的办理手续的程序，先到安监局办理了危险化学品经营证，到农业局办理了农药经营许可证，然后到工商局领取注册登记的相关表格和资料，办理了核准手续，接下来到银行开了验资账户，去会计事务所办理了验资证明，到工商局提出公司设立申请，最后领取了营业执照。然后，他们去刻了公司的公章、财务专用章等一些必须的印鉴，办好了代码证，去税务局办理了税务登记手续。这样，他们的农资批发有限公司成立了。

要想创业，从事独立的生产经营活动，就必须向当地工商行政管理机关办理登记手续，经核准发给经营执照，同时必须向所在地的税务机关办理税务登记，取得合法资格后，在工商税务部门的指导、帮助、监督下依法进行生产经营活动。现在对申办的企业还增加了一个环评程序，即企业开办前要进行环境评估，高耗能、有污染的企业将被施以重罚。这些手续的办理是实施创业计划的一个基本程序。办理手续是创业计划的实施过程，也是创业者进入到创业的实质性阶段。我们可以用简示流程图来表述办理手续的一般过程，见图4-1所示。

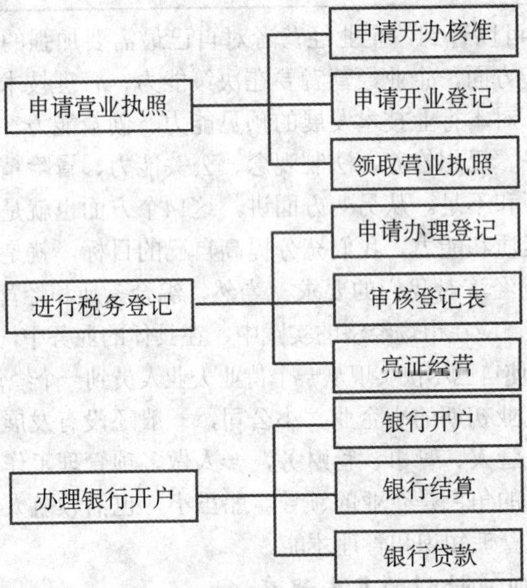

图4-1　办理手续流程图

1.申请工商登记

工商登记是国家对生产经营者所行使的管理职能之一，也是生产经营者确认自身合法地位的法律程序。生产经营者为了保护自身的合法权益，必须经法律确认自己的合法地位，从而在法律的保护下从事正常的生产经营活动。

（1）个体工商户的注册登记。市、县工商行政管理局以及大中城市工商行政管理分局负责本辖区内的个体工商户登记。登记机关根据需要可以委托工商所进行个体工商户登记。

申请人申请设立、变更、注销个体工商户登记的，可以采取以下方式提交申请：

①到经营场所所在地的工商所。

②直接到登记机关的登记场所。

③信函、电报、电传、传真、电子数据交换和电子邮件，以上述方式提出申请的，申请人应在发出申请后5日内，向登记机关递交申请材料原件。

个体工商户申请设立登记，应当提交下列文件：

①申请人签署的个体工商户设立登记申请书。

②申请人身份证明。

③经营场所证明。

④国家法律、法规规定提交的其他文件。

从事法律、行政法规规定须报经有关部门审批的业务的，应当提交有关部门的批准文件。

登记机关作出准予登记的，应当发给申请人准予个体工商户登记通知书，并在10日内向申请人颁发、送达个体工商户营业执照。不予登记的，应当发给申请人不予个体工商户登记通知书。

（2）个人独资企业的注册登记。个人独资企业，是指依法在中国境内设立，由一个自然人投资，财产为投资人个人所有，投资人以其个人财产对企业债务承担无限责任的经营实体。

申请设立个人独资企业，应当向企业登记机关工商行政管理部门提交以下相关文件：

①由投资人签署的个人独资企业设立申请书。

②投资人身份证明。

③生产经营场所使用证明等文件。

登记机关应当在收到设立申请文件之日起15日内，对符合法律规定条件的，予以登记，发给营业执照；对不符合法律规定条件的，不予登记，并应当给予书面答复，说明理由。个人独资企业的营业执照的签发日期，为个人独资企业的成立日期。

（3）合伙企业的注册登记。合伙企业的设立、变更、注销，应依法办理企业登记。工商行政管理机关是合伙登记机关。国务院工商行政管理部门主管全国的合伙企业登记工作。市、县工商行政管理机关负责本辖区内的合伙企业登记。合伙企业的登记事项应当包括合伙企业的名称、经营场所、经营范围、经营方式和合伙人的姓名及住所、出资额及出资方式。

申请设立合伙企业，应当向企业登记机关提交下列文件：

①全体合伙人签署的设立登记申请书。

②全体合伙人的身份证明。

③全体合伙人指定的代表或者共同委托的代理人的委托书。

④合伙协议。

⑤出资权属证明。

⑥经营场所证明。

⑦国务院工商行政管理部门规定提交的其他文件。

法律、行政法规规定设立合伙企业须报经审批的，还应当提交有关批准文件。合伙协议约定或者全体合伙人决定，委托一名或者数名合伙人执行合伙企业事务的，还应当提交全体合伙人的委托书。

企业登记机关应当自收到申请人依法提交的全部文件之日起30日内，作出核准登记或者不予登记的决定。合伙企业的营业执照签发之日，为合伙企业的成立日期。

2.进行税务登记

守法经营、依法纳税是每个公民应尽的义务。为保证生产经营活动顺利开展，生产经营者应在领取营业执照之日起30日内到税务机关进行税务登记。

（1）税务登记的范围。生产经营者办理税务登记的范围是凡从事生产经营，实行独立经济核算，并经工商行政管理部门批准，领取营业执照的一切生产经营者，包括从事工业生产、交通运输、建筑安装、商业经营、服务业、娱乐业以及其他所有经营收入、收益的一切生产经营者。

（2）税务登记的内容。税务登记的内容主要包括：工商户的名称、地址、经济性质、主管部门、生产经营范围、经营方式、资金状况、工商行政管理部门的工商登记证照号码、开户银行及账号等。

① 申报办理税务登记的证件或资料。

申报税务登记应提交下列手续：营业执照；有关合同、章程、协议书；银行账号证明；居民身份证、护照或其他合法证件；税务机关要求提供的其他合法证件和资料。

② 税务登记程序。

申请办理税务登记。由纳税人，即生产经营者主动向所在地税务机关提出申请登记报告，并出示工商行政管理部门核发的工商营业执照和有关证件，领取统一印制的税务登记表，如实填写有关内容，经加盖印章后作为登记申报，报送主管税务机关。

审核税务登记表。税务机关对纳税人的申请报告、税务登记表、工商营业执照及有关证件审核后，即可准予登记，并发给纳税人税务登记证。

由于税务机关对税务登记证件实行定期验证和换证制度，生产经营者必须在规定的期限内持有关证件到主管税务机关办理验证或换证手续，一般每年换证或验证一次。

（3）纳税申报。纳税申报是纳税人为了正确地履行纳税义务，扣缴义务人为了正确履行代扣代缴、代收代缴义务，将发生的纳税事项或者代扣代缴、代收代缴事项向税务机关提出书面申报的一项法定手续。领到营业执照开始生产经营活动之后，在一定期限内就应该向税务机关申报纳税。

3.办理银行开户

（1）开户与结算。企业在获得营业执照后，应选择当地一家银行或信用合作社开户。开户时要提交申请表，待批准后，还要填写印鉴卡片，作为银行、信用社审查结算凭证的合法性的依据。

在日常生产经营活动中，要经常与银行进行结算，以达到账账相符和账款相符，以利于更好地生产经营。例如，出售商品后收取买方货款，购买原料需要支付卖方价款等。这些活动在金融行业中称为结算。结算有两种：一种是现金结算；另一种是非现金结算，也叫转账结算或票据结算。由于成交金额大，支付大量现金既不方便又不安全，因此，企业往往委托银行把货款从买方账户转到卖方账户，完成付款或收款行为。

（2）贷款。

① 向银行申请贷款的种类和程序。贷款方式一般有抵押贷款、担保贷款和信用贷款3种。在实际工作中，选用哪种方式一般由银行对贷款人和项目进行综合评价后决定。

申请人向银行提交申请书，银行依照贷款条件逐条对申请进行可行性审查，并依照审批程序作出裁定。

银行同意贷款后，必须由贷款人与银行签订书面合同，内容包括借款用途、付款日期、还款期限、贷款利率、违约责任及借贷双方的权利和义务，有必要或有条件的还要经公证机关公证。

借款人根据借款合同的规定，向银行出具借款借据，银行按借据提供具体贷款。借款人要求办理结算时，银行按借据办理，将贷款转入借款人账户；不需要办理转账结算时，可以直接提取现金。

银行提供的贷款主要用于生产经营过程中所需的流动资金，而不准挪作他用。借款人未经银行同意擅自改变贷款用途，或把贷款用于垫交税款或管理费，或转借给他人的,均为挪用。挪用贷款要受到银行的处罚。

② 贷款的形式和期限。银行的贷款分为5种形式：

一是流动资金贷款。这是用于解决生产经营中流动资金的合理需要的贷款。贷款期限按生产经营周期确定，原则上不超过12个月。

二是固定资产贷款。按生产建设项目性质可分为技术改造贷款和基本建设贷款。技术改造贷款期限一般不超过3年；基本建设贷款期限一般不超过5年。

三是专项贷款，如特种贷款、扶贫贴息贷款等。

四是贴现。对持有未到期承兑汇票的生产经营者，因急需资金，可依据票面金额而给予贴现资金，贴现期限一般不超过6个月，最长不超过9个月。

五是委托贷款。这是银行根据委托人确定的对象、用途、金额、期限、利率等要求而代理发行的贷款。

4.适时开业

创业者在确定了创业目标，编制了企业计划，并经过充分论证，确定了厂（店）址，筹集了创业资金，办理了法定手续以后，就要考虑购买生产或经营设备，装修厂房（店堂）、招聘和培训员工等问题。在做好以上各项准备工作以后，就可以择日开业了。

开业期间的宣传、促销活动在很大程度上影响到厂（店）开业后的经营状况，因此，一定要做好开业的策划方案。开业方案的策划需要花费人力、物力、财力，这些都要得到相应的回报。那么，在做开业方案之前，就要有一个明确的目标，根据不同的目标来组织实施，并且最好能够有几套方案以便作出最佳选择，以最少的投资获得最大的利润。策划开业方案的目的：一是宣传造势，提升企业形象，扩大知名度；二是吸引客户，实现尽可能大的营销空间，挖掘最大潜在消费力。因此，开业前的宣传造势很重要，可以通过媒体广告、品牌灯箱、广告礼品袋以及花篮、条幅等来烘托气氛，提高人气。选择开业的时期，一般要考虑有关部门人员是否有时间参加、天气是否晴朗、是否在节假日、是否在人流较多的日期、开张日居民是否喜欢等因素。

开业前对员工的动员、激励、教育和培训也要到位。对员工进行开业前的详尽培训，包括品牌背景、企业文化、产品知识以及礼貌用语、待人接物、行为举止等日常行为规范，“无规矩不成方圆”，要有一个约束员工行为规范的标准，以便更好地开展工作。同时，要做好厂（店）内部的有效管理，以明确各自职责，确保开业成功。

以上几个方面落到实处，并加强执行力度，创业者就会有一个良好的开端，为其长期发展赢利奠定坚实的基础。

创业就是激励自己，开发自己最大的潜能。创业就是善于发现和挖掘一生中那些通往成功的无数潜在的时机。创业就是创造，创造新的就业岗位、创造新的成功机遇、创造新的富于挑战的人生。如果我们自主创业，我们自己就是老板，我们就是自己命运的主人。创业是当今时代一个十分重要的话题，是经济增长的推动力，创业者和创业的未来从来没有像现在这样充满希望。中国的发展需要创业，有远见的现代农民应该勇敢地加入创业者的行列。

四、制订开办企业的行动计划

现在你已经决定要开办企业了，但还停留在纸面上。在和顾客实际打交道之前还有很多工作要做。做这些事要有章法，按部就班。所以你要制订一份行动计划，规定清楚有哪些工作要做、由谁来做以及什么时候完成。把要做的事情列一份清单，例如：

（1）选择合适的营业地点。

（2）筹集落实启动资金。

（3）办理企业登记注册手续。

（4）接通手机、电话。

（5）购买或租用机器设备。

（6）购买存货。

（7）招聘员工。

（8）办保险。

（9）宣传你的企业。

你要落实的事情很多，所以尽量不要浪费时间，行动计划是能帮助你安排任务的最简单有效的方法。计划要做得严谨，以免有遗漏事项。

企业一旦运转起来，你每天的工作就会非常繁重。下一步，你要了解一个优秀的业主怎样处理好日常的企业管理工作。然而，如何管好一个企业远比书上说的要复杂得多。一个好的业主每天都要学习新东西。

（一）企业的日常活动概述

由于企业的类型不同，它们的日常业务活动也有差异。例如：

（1）零售商的日常工作主要是销售、采购存货、记账和管好店员。

（2）服务行业的日常工作是招揽生意，完成服务任务。管理职工，使他们的工作保质保量，有成效。除此之外，你学会要采购材料，控制成本和为新业务定价。

（3）制造企业的日常业务要复杂得多，你要接订单，核实自己的生产能力，安排车间生产。这意味着你要购进原材料，调配好工厂的设备，监控工人的工作质量，控制成本，销售产品等。

（二）企业工作

（1）监督管理员工。

（2）购买存货、原材料或服务。

（3）控制生产。

（4）为顾客提供服务。

（5）控制成本。

（6）制定价格。

（7）做业务记录。

（8）组织办公室工作。

（三）具体日常管理事务

1.监督管理员工

记住：你的企业的成功是由所有员工的整体业绩带来的。如果员工的技能不足、积极性不高、配合不当，即便你有一个好的企业构思，最终也无法成功。所以要非常重视对员工的培训和激励。

第一， 要建立团队意识，因为大多数员工喜欢集体配合工作。如果任务下达到团队，任务一旦完成，每个成员都会受到鼓舞。这种方法的好处在于提高员工的工作积极性，他们能体会到集体的成绩里有他们各自的一份贡献。提高工作质量标准，团队成员共同配合解决质量问题。提高生产效率，集体工作比单干更能使员工各展所长。

第二， 重视培训员工，这是企业成功的重要因素。虽然组织培训要花钱，但好处却很多：

（1）员工能学到新的、更有效的工作方法。

（2）员工能觉得你关心他们，满意他们的工作。

第三， 重视员工的安全。如果员工离去了，你还得招聘和培训新人，所以要保护你的员工，防止他们发生工伤事故。作为企业主，你要对由于安全措施不够引起的伤残和疾病负责任。安全措施不只意味着避免工伤事故，还包括改善不良工作条件，例如降低噪声、提高照明度、消除有害液体和气体等。

国家规定了职业安全与卫生的最低要求，如果企业违规，不仅给别人带来伤残的痛苦，而且还要承担发放抚恤金的负担。所以关心员工的安全，不仅有利于员工的积极性和健康，而且还会降低你的企业的费用。

2.采购存货、原材料或服务

所有的企业都买进卖出。零售商从批发商处买来商品，然后卖给顾客。批发商从制造商处进货卖给零售商。制造商从不同渠道采购原材料制成产品卖给顾客。服务行业的经营者买来设备和材料，然后出售他们的服务。

慎重地采购原材料和选择服务可以降低成本并提高利润。

3.生产管理

生产监控是制造行业和服务行业的一项日常工作，通常要做以下决策：

（1）生产什么。

（2）何处生产。

（3）何时生产。

（4）如何生产。

（5）生产数量。

（6）生产质量。

这些工作的目的就是合理组织你的企业，为顾客提供保质保量的产品。

4.为顾客服务

促销是使那些现有的和潜在的顾客了解你的产品。以下是常见的促销手段：

（1）在报纸或杂志上做广告。

（2）散发传单或小册子。

（3）利用广播和电视做广告。

（4）在橱窗和公共场所挂广告招牌。

记住：如果没有顾客，任何企业都无法生存下去。

5.掌握和控制成本

作为企业主，你要彻底了解生产成本或进货成本，这有助于你制定价格，赚取利润。为此，把成本维持在最低限度对你来说是很关键的。

这方面的信息是来自财务系统。即使是最简便的财务记录，也会为你提供你计算企业成本的依据。

企业成本是企业资金支出的根源。因此，合理控制成本能提高企业的利润。

6.制定价格

你要为你的产品或服务制定合适的价格，使你的产品或服务既能产生利润，又具有相当的竞争力。你要明白，只有销售收入大于产品或服务的成本，才会有利润。因此，制定价格之前，你必须先掌握成本，否则你无从知道企业是在赢利还是在亏本。

7.业务记录

作为企业主，你必须知道企业经营的状况。如果经营遇到困难，通过分析你的业务记录可以发现问题所在。如果企业运转良好，你也能利用这些记录进一步了解企业的优势所在，使你的企业更有竞争力。做好业务记录能帮助企业主作出有利的经营决策。

搞好业务记录有助于以下工作的开展：

（1）控制现金。

（2）控制赊账。

（3）随时了解你的负债情况。

（4）控制库存量。

（5）了解员工动态。

（6）掌握固定资产状况。

（7）了解企业的经营情况。

（8）上缴税款。

（9）制订计划。

大多数微小企业为节省开支而不请专职会计，所以，为了掌握现金流量而自己学习简单的记账办法。虽然不同企业的记账方式有所差别，但一般都包括以下内容：

（1）收入的资金。

（2）支出的资金。

（3）债权人。

（4）债务人。

（5）资产和库存。

（6）员工。

8.组织办公室的工作

办公室是你的信息中心，因此，办公室组织和领导的好与坏对企业也会产生影响。你需要购买办公设备、带醒目企业标识的办公文具，需要设立一个接待顾客和来访者的场所。

办公室是你的工作场所，你搞好管理所需的办公用品都要备齐。

【小结】一份创业计划汇总了一个创业者所需要的全部信息，它是一份非常重要的文件，使你的企业构思在变为现实之前有了一次纸上测试的机会。

创业计划完成后，你应当权衡它所提供的信息，最终决定你是否开始行动。

一旦开始实施你的创业计划，就会有很多事情要做。安排这些工作的最好办法是制订一份行动计划，这样所有的任务都可以有条不紊地按时完成。行动计划规定哪些事情要做，由谁来做，何时去做。如果一个企业起步准备不足，就会大大增加失败的可能。

培训课程为你开办企业奠定了坚实的基础，但要经营好一个企业，你还要不断提高自己的管理能力。经营企业的课题更复杂，要学的东西更多。要想成功，你必须不断学习，改善经营。随着你经营管理能力的提高，你的企业也就更具成功和胜利的希望。

四、加强农民学员的团队训练

农民创业培训的最终目的是让受训学员能够将自己的创业冲动变为创业行动，通过创业实现自己梦想和价值，但创业不是单打独斗，而需要团队合作，加强农民创业培训学员的团队训练，就是通过“组建你的团队”专题授课、团队拓展训练及拓展训练解析，提高农民创业学员的团队合作意识，形成大雁型团队模式：一是每个人都要忠诚于自己的团队，忠诚于自己的事业，做好自己的本职工作。二是如果和大雁一样聪明的话，我们就会留在与自己的事业目标一致的队伍里，而且乐意接受他人的协助，也乐意协助他人。三是我们必须确定从背后传来是鼓励的叫声，而不是其他声音。想要在职业生涯中生存和发展，需要把工作伙伴变成拉拉队，一队快乐的工作伙伴是成功最好的助手，你的工作伙伴散播的有利消息远比你个人所有的努力更有助于你职业生涯的发展。所以，每个员工都要打造大雁团队，永远不要忘记“你是大雁团队的一员”。所以在团队训练中，一是要明确团队工作目标，工作顺利高效；二是要明确每个人的角色，做好团队与个人工作定位；三是明确团队价值、规则，工作方法，确定每人的职责与权限；四是制订详细工作计划与职责，目标细化，责任到人，做到责权利相结合；五是强调团队成员的差异，做到相互包容，合理组织团队成员。从而有效地提高农民学员组织化生产和规模化经营程度，有效防范和抵御农民创业的市场风险。

第五章　创业案例

李刚和付蓉的创业故事

一、萌生返乡创业的想法

李刚和付蓉是夫妻。山东烟台镇某村村民。李刚41岁，干活勤快，能吃苦，脑筋也挺活泛。05年的时候就和同村人一起进城打工了。在城里这些年他干过很多工作，例如干过搬运工、到装修公司、建筑工地打过工，还到老乡开的商场帮着卖过货；他的妻子付蓉39岁，一直在老家务农，闲时也到镇上加工厂打打零工。儿子李小强18岁，在一所职业中专上学。虽然一家三口每年只能团聚一次，不过这些年两口子也赚了一些钱，生活比以前好了很多。他们觉得日子过得挺美满。最近李刚发现城里的工作越来越不好找了，妻子打工的加工厂也放假了，特别是儿子马上就要面临毕业，也没有什么合适的工作可找。如果3个人都没有工作……李刚开始担心家里以后的生活了。其实在城里打工这些年李刚发现好几个老乡都不再给别人打工，而是自己当上了老板，李刚觉得自己并不比那几个老乡差，所以一直盘算着自己也能做点小生意。正好最近工作不好找而且听老乡说他们在城里的生意最近也不太好做，李刚想如果回老家做点什么生意没准会干出一番事业来。李刚付蓉夫妻俩人计划过完农历新年就开始创办一个小企业。于是他们算了一笔账，看一共能拿出多少钱来办企业（表5-1）。

二、能拿多少钱创办企业

表5-1　创办企业预算

项目	金额
存款	15 000
收入	
1、付蓉从打工的工厂拿到了最后两个月的工资	1 000
2、李刚从朋友那里要回了欠款	500
收入合计	1 500
自有资金总额	16 500

（续表）

项目	金额
支出（以后3个月）	
1、日常生活开支	1 500
2、给李刚和付蓉父母补贴家用的钱	600
支出合计	2 100
剩余金额	14 400

但是他们还考虑到，将所有的钱都用于创办企业。风险太大，他们决定还要留下4 000元，以防万一。所以，他们真正能够拿来创业的钱是10 400元。

三、动机和决心

当李刚把创业的打算告诉一起进城打工的朋友时，很多人都不赞同，他们认为办企业的大都是城里人，就算有一些农村人办了企业，也是因为他们有社会关系，而且还要有足够的本钱和能力，同时还要赶上好时候，抓到好机会，否则一旦创业失败就会倾家荡产。有的工友还劝李刚，不行就先回老家等等，说不定过几个月，城里的工作又会多起来。而李刚却不这么想，他反应而觉得现在正是创业的好时候，因为：

第一，他觉得自己创业愿望非常强烈。在城里为别人打工多年的经历，看到一些同乡成功创业，再加上目前面临着家里三口人都没有工作，一点经济来源都没有的状况，李刚认为创业应该死他最好的选择。

第二，他认为自己具备创办企业的基本能力。他能吃苦，而且善于动脑筋想问题。在工地和装修公司还当过班组长，有一定的组织能力，同时还有销售经验。而妻子付蓉在村里是有名的巧媳妇，善于与人打交道，也在镇上的工厂工作过，有实际工作经验。李刚觉得妻子可以给自己提供很大的帮助。

第三，他发现国家政策好。最近李刚经常看电视新闻，了解到国家对于返乡创业的人员给予大力支持，出台了一系列的优惠政策。如果能够利用好这些政策，他可以更容易地创办一个企业。

第四他觉得回老家创业，不需要太多的本钱，自己的积蓄基本够用。

第五，尽管自己没做过生意，对于市场营销、人员组织、财会等创业技能知道的不多。但是，儿子李小强在学校里学的就是企业管理专业，可以成为他的好帮手。同时，他还听说，现在地方政府还为他这样返乡农民提供了很多免费学习创业知识的机会，这也是提高自己创业能力的好办法，此外，还可以从那些生意的同乡那里学习一些经验。

四、调查准备创业地区的创业情况

李刚回到老家，思前想后，不知道自己到底做点什么生意好。所以他决定先到镇上看一看，了解一些信息，他想在镇上创办自己的企业。李刚调查了：

- 当地的工业区。
- 集市。
- 商业中心。

他还与当地商会进行交谈并查看了黄页，看上面有没有其他企业做的广告。然后，他准备了一份镇上所有企业的一览表（表5-2）。

表5-2　准备创业地区（烟台镇）的企业

服务类企业	制造类和农、林、牧、渔类企业
2个门诊部 4家银行 8个汽车修理厂 3个电子产品维修店 1家保洁公司 2家保安公司 1家设备出租公司 8家幼儿园 5家运输公司 9家路边餐馆 5家固定餐馆 3个自行车修理铺 2家旅馆 4个建筑承包商 1个会计师事务所 1个印刷厂 1个邮电局 2个碾磨厂 3个修鞋、修伞店 2家建筑设计公司	11个家具和木制品制造商 9个金属加工厂 4个裁缝铺 1个织布厂 3个坐垫和墙上挂件制造商 2个陈设品制造商 2个水泥板制造工厂 18个小型奶品农场 16个禽蛋农场 10个蔬菜农场 2个调味品制造商 2个面包店

（续表）

批发类企业	零售类企业
	23个路边水果蔬菜摊
	19个路边服装摊
	32个路边小商摊
	4个家具店
	3个加油站
	3个水果蔬菜店
1个饲料、肥料批发商	4个鲜花店
1个塑料薄膜、绳子和袋子批发商	9个服装鞋帽店
1个谷物批发商	4个五金店
4个木材经销商	2个电器商品和配件店
5个建材经销商	3个农用物资店
	2个农机店
	2个文具店
	4个药店
	5个肉摊

李刚对烟台镇作出以下总体批评：

- 人们每次消费的现金不多，当地没有高档品或休闲品商店。
- 农业生产是该地区的主要经济活动。
- 从城市返乡人员的数量正在增加，当地有很多餐馆。
- 小镇正处在快速发展中，有很多建筑承包商和建材供应商。

然后，李刚列出了烟台镇目前尚不存在的企业种类一览表，而在这些可能是很好的创业机会（表5-3）。

表5-3 在烟台镇有经营可能性的企业

零售类	批发类	服务类	制造和农、林、牧、渔类
儿童玩具和服装店	小食品批发	广告代理	儿童玩具制作
家居用品店（床单、厨房用品）	农用物资批发	宴席承办	砖瓦制作
工艺品店		美容店	陶器制作
廉价服装店		丧葬服务	珠宝加工
书店		电影院	镜子制作
珠宝店		职业中介	工艺纸制品制作
针织品店		眼镜商	地毯制作
运动商品店		垃圾回收和处理	皮革商品
乐器店		私人教师	外卖快餐食品
		孕妇之家	蜡烛制作
		老人和病人护理服务	糖果制作
		家庭装修	
		婚纱和礼服出租店	
		针织品制作	

李刚从这份一览表中选择了几项，填入他自己的创业想法一览表中，他选择的是他认为自己能做，并且烟台镇居民可能需要的几种企业。

- 向办公室提供送餐服务。
- 丧葬服务。
- 纸箱制品制作。
- 砖瓦制作。
- 为老人和病人提供家庭护理。
- 廉价服装店。
- 电影院。

五、筛选合适的创业想法

李刚调查了家乡的环境，并搜集了他准备创业的烟台镇上相关的企业信息，一共提出了15个创业想法。其中，一些想法对他不再有吸引力，他在和妻子付蓉商量后从中选出了自己喜欢的6个想法，以下是他筛选这些想法的过程（表5-4）。

表5-4　我的创业想法一览表

想法	解释	
向办公室送餐	我妻子熟悉并喜欢做饭，镇上没有一家专门做这行的企业，会有很多顾客，效益会很好。我能搞清楚人们喜欢吃什么，愿意付多少钱，并且能赚到钱。创办的时候不需要太多钱。大量的送餐可能会很累。我喜欢与很多人打交道	√
提供丧葬服务	我有参加葬礼的经验，但是我没有这类企业的技术知识。我必须雇人来干。但是，也许经常参加葬礼会让我心情不好。	×
制砖企业	我不懂制砖技术，但是我愿意学习如何制砖。我可以雇合格的员工。镇上有同类企业。当地就有黏土，即便宜又很容易得到。但是我不能肯定会有多少顾客，不知道能否制出城里那么好的砖。制砖设备很贵。而且听说政府已经出台政策，禁止使用黏土制砖了	×
廉价服装店	我曾经在一家服装店工作过，对流行服装很有眼光，我知道如何辨别服装质量。人们总是夸奖我的着装。镇上没有其他廉价服装店，我可以让我小店的服装既时髦又便宜。有很多顾客想穿漂亮衣服但又买不起高价服装。我可以获得很好的利润。我会真的很喜欢经营一家商店并与人打交道，还能接触时尚的东西。在今后10年中，我也许还能在其他城镇开更多的商店。我需要了解租一家店面要花多少钱	√
电影院	我喜欢看电影，而且镇上没有电影院。但是我没有经验，而且创办电影院成本高。可能会有很多顾客，不过看电影在当地是奢侈消费，很多人可能看不起	×
工艺纸制品制作	我很熟悉工艺纸制品，在城里打工时发现很多家庭都买工艺纸制品做装饰。镇上有同类的企业，妻子刘丽曾经在一个这样的企业打过工，有一些经验。当地还有两个小造纸厂，原材料既便宜又很容易得到。当地很多妇女都有这方面的技能，我可以雇她们加工生产	√

李刚看了一遍，挑选了其中3个想法做进一步分析：

- 送餐企业。
- 廉价服装店。
- 工艺纸制品制造企业。

六、对创业想法进行分析

李刚和付蓉商量，准备在当地办一个工艺纸制品加工厂，在实地搜索了相关信息之后，对所选创业想法做了SWOT分析（表5-5）。

表5-5　创业想法的分析

企业内部			
优势		劣势	
自己在城里时，在很多相关行业工作	★	自己没做过工艺纸制品生意	★
自己做过家居销售的经历	★	自己缺少企业管理知识	★
自己对当地的情况很了解	★		
妻子有在小加工厂工作的经验			
儿子在学校里学习过企业管理	★		
合计	4个	合计	2个
企业外部			
机会		威胁	
市场对工艺纸制品的需求越来越多	★	镇上已经有几家同类企业	★
其他几家工艺纸制品加工厂的产品品种单一、质量不好	★		
当地有两家造纸厂，纸的原材料充足而且价格低廉	★		
当地对返乡农民工创业有优惠政策	★		
合计	4个	合计	1个
分析比较			
优势比劣势多吗	是√	不是	
优势的星号比劣势的多吗？	是√	不是	
李刚认为自己办企业的优势中重要的内容4个、劣势有2个			
机会比风险多吗	是√	不是	
机会的星号比风险的多吗	是√	不是	
李刚认为自己办企业的机会中重要的内容有4个，威胁1个			
我将如何应对劣势和风险			
参加当地政府组织的创业培训班			
向有创业经验的同乡学习			
对竞争对手—同类的几家企业—进一步调查了解情况			

在实地搜集信息之后，李刚对3个创业想法都做了SWOT分析，并决定继续为工艺纸制品加工厂制定一份创业计划，因为创办工艺纸制品加工厂的优势大于劣势，而且一些劣势很容易克服，可以提高抵御风险能力。与此同时还存在很多机会，因为对工艺纸制品的需求将随着人们生活质量的提高而不断增加。

七、调查顾客需求

李刚的表弟付永昌一直在城里的一家大型企业做销售工作，趁他回来探亲，夫妇俩与他谈了办企业的想法，并向他请教如何进行顾客需求调查，学到了一些知识。他们发现，现在无论农村还是城市，人们对于既好用又好看而且还绿色环保的纸编工艺制品普遍比较喜爱，这类产品的市场前景应该会不错。但是，企业创办初期，依据小企业的创办原则，应该先集中做一个市场，即面向花卉市场和水果销售市场供应价格便宜、式样新颖、有地方文化特色的纸编花篮和水果蓝。

如果今后企业想进一步发展，表弟建议把重点转向公司客户，如花卉批发公司、工艺品公司、贸易公司，这类客户对市场比较了解，除选样订货外，一般还会指定所需款式，订货量也比商店的大，付款比较有把握，企业的风险小。此外，夫妻俩人有了解到外国朋友也非常喜爱中国的民族工艺品，所以，未来还可以开发国外市场。然而，表弟马上要回去，怎么做，向谁推销和怎么推销，以及包装、运输、收款、信息收集等，所以，每天他们都和在职业技术学校学过企业管理知识的儿子，直接去调查。他们家方圆100公里内有好几处花卉市场和水果市场，他们为了少花钱，都分头去跑，每天尽可能多跑几个市场。他们把自己当做顾客，观察人们都喜欢买什么式样、制材、大小、风格的篮子，纸箱，成交价多少。而且，他们还设法向花店和水果店老板打听流行的纸编花篮的进货价、付款方式。每次都做些记录回来参考。

八、收集竞争对手的信息

李刚用了半个月的时间，以联系业务的名义去本村及附近村里几个纸编工艺加工企业打探，了解这些企业的大致情况。除此以外，他们还列出了想要了解的企业问题，托亲戚朋友打听一些其他企业的基本情况。

他们了解到附近已经有6家纸编加工企业，都是家庭式的个体小企业。做得早的企业已经经营了5年，多数开工只有一年。这些企业多数不雇用人员，都是家庭成员参与生产，只有一家企业规模比较大，雇用了6

名员工，设备都非常简单，年产量最少的不到4 000个，最多的近10 000个，平均年产量大约在6 800个。他们做的都是低价的纸编工艺品，零售价在25～28元之间，每家的品种只有3～4个，款式大同小异，都是仿制别人的，只略加改动，没有多少创新。单价的区别主要在于规格不同，另外还受外观、颜色、运输距离和销售环节等因素影响。他们发现大多数家庭式企业都没有做过企业规划，基本都是等待生意上门，唯一的目标就是多赚钱，这些企业没有靠广告的方式去帮助销售，也不贴商标，没有一家是自己开店，要么自己直接销售给花店或水果店，要么等花篮及果篮批发商上门来收购。

经过这样侦探式的打听之后，夫妇俩对办一个纸编加工企业信心更足了，也有了对于办这样一个企业更多的想法，当然，他们也感到了压力，但他们相信只要自己努力去做，用心去做，一定会比别人做得好。

对于一些跨省市的纸编企业他们没有足够的时间和经费去打探，打算边干边了解。他们利用计算机在网上了解到在本地及周边地区对于花蓝和果篮的需求量达到了8万个左右，根据所有信息来源地分析，他们发现，过去的一年里，本村及邻村的这几家纸编企业向本地及外地共输送了4万个花篮和果篮，这说明外地产品占据了一半的市场。他们进一步了解到，外地产品的样式和价格与本地提供给市场的产品有些差异，在质量上略好一些，颜色上更丰富一些，所以，价格上也比本地提供的产品要贵一点。他们估计远处的竞争对手也是些小型作坊，只是起步早一些。

九、产品决策

夫妻俩了解到纸编花蓝、果蓝及纸箱的顾客主要是批发市场和零售花店及水果店的老板，而且据花店、水果店的老板反应，现在城市里，有些人越来越讲究品位，在购买鲜花和水果时，已不仅仅满足于鲜花多好看、水果多名贵，他们希望盛装的篮子也要精致，例如，是否可以用颜色的区分来表达不同的情感-红色代表热情、紫色代表浪漫、蓝色代表高贵、粉色代表温馨：用外型的不同来满足人们对不同造型的需求。还有些顾客希望能在花儿焉了、水果吃完了之后，纸编还能当个家庭摆设以供观赏。最后，夫妻俩做出了他们的产品决策：

· 顾客一那些把花篮和果篮当做礼品来购买，并且需要纸篮造型新颖、色彩丰富的人以及要求篮子质优价廉的花店和水果店老板。

· 产品特色一结合中国的民族特色及世界的潮流，在蓝底和篮子的提手上做文章，设计出不同的造型和颜色，使自己的产品与别家的产品大有不同，以此来吸引顾客。

·产品设计—在开业之前，李刚会让自己学美术的外甥女来帮着设计手柄的造型，再试着凭借自己多年的经验编织出来。例如，可以编制出中国结的样式、奥运五环的样式、龙头的样式等。

·产品规格—在创业初期，为方便计算成本及编织用料，即便造型不同，各个产品的大小、用料也应基本相同。

十、价格策略

李刚和付蓉在做市场调查时发现，顾客对于自己喜欢的纸篮也只会在认为价格合适时才购买，而花店或水果店老板也只有在觉得有钱赚时才会积极进货和销货。因此，他们给商家的批发价以及商家给顾客的零售价都对他们的成功有很大影响。目前，他们只知道自己做一个纸篮大概要多少成本，其他情况都不是很清楚，因此，夫妇俩就把以前的调查资料进行了整理，从了解到的零售价往回推算批发价和成本价。

顾客在买一个类似他们产品的纸篮时要花25～30元，零售商一般在进货商加价25%～50%，竞争对手一般是在产品成本价上加价40%～55%。这样一来，如果他们的产品要在目前的市场情况下销售，卖20元可能比较好卖，而如果像商家和竞争者一样加价的话，那么他们给商家的批发价大约就是20元。这样来说，他们每一个纸编产品的成本就得控制在14元之内，李刚凭借以往的经验认为没什么问题。

十一、选择地点

夫妻俩带着儿子住在李小强家祖上留下的大瓦房里，外面还有一个宽敞的院子，这样选址对他们来说就简单多了。做纸编花篮和果篮，工艺并不复杂，设备也不需要很多，自家的这块地就足够用了。根据工艺的需求，他们在院子里挖了一个地窖，作为纸编篮子的生产场所，又专门腾出一个屋子作为仓库。如果是批发产品，那么他们租个送货车就可以一次拉走很多产品，而针对零售店，他们可以靠购置的一辆二手摩托车挨家地送去。所以，目前在家经营时没什么问题的，这样可以节约一些费用。

因为一家三口都要编花篮和果篮，所以他们没有太多的时间把产品拿到集市上去零卖，因此，他们打算用两种方式来销售生产出来的产品：一是批发给上门来的收购商；二是批发给花店和水果店。

十二、促销方法

儿子李小强在学校学过营销学，所以了解很多有关促销的专用知识，但是书上所介绍的很多方法都不是太适合他们现在的情况，有些由于费用的问题根本不可能去采用。比如：还不太可能通过大型活动来宣传他们的产品，也没有太多的钱去做媒体广告。他们在现有的条件下，只能利用一切可利用的资源进行简单的促销。

付蓉的一位同学在地区报社做主编，报纸要报道新人新事，听说他们要创业，就主动上门来联系，希望在他们夫妇俩创业之后，从返乡创业的角度给他们做一个专题报道，这就无形中帮他们的创业做了宣传。

据了解，目前这些商家都是很讲信誉的，而且实在，认货也认人，认货就是谁的货好价格低就进谁的，认人就是谁家的老板人品好、讲信誉，就进谁家的货。夫妇俩认为企业经营一定要讲诚信，要保证自己的产品质量良好、价格公道、交货及时，要不断地向市场提供顾客需求的新产品，新产品上市时，免费让商家进行产品试销，请他们把新产品放在顾客容易看到的位置，销售时多介绍他们的产品。制作简单的宣传折页，在折页上可以介绍企业的产品种类，介绍每种造型所代表的意义和每种颜色所表达的情感等。这既起到了宣传的作用，又指导顾客通过正确的购买受到好的效果，还可以介绍如何最终把产品当做家庭装饰物来使用。

他们了解到，在网络科技飞速发展的今天，利用网络来销售，是很多厂家近年来获得较好销售成绩的有效方式。因此，他们也打算将来借助互联网的力量来促进产品的销售。

他们还打算对熟悉的商家搞赊销，以不超过当月销售量一半的数量赊销30天。

十三、销售预测

李刚多年在外打工的经验告诉他们，创办企业是有风险的，主要风险来自于市场需求变化和竞争对手的对策。所以，他们要想成功，认真做好市场销售预测，摸准市场及竞争对手的情况是非常重要的。之前在做市场调查和了解竞争对手信息的时候，夫妇俩就发现，要知道竞争者的信息非常困难。竞争对手们对于有关销售额和每年销售数量的问题特别敏感，一般都避而不谈。怎么办呢？李刚和付蓉当时通过和竞争对手企业的员工聊天、到收购商那里去询问等方式获取了一些销售信息。另外，他们还从原材料供应商那里打听到了那几家竞争对手的进货数量及进货次数，以此来推算他们的生产量和销售量。经过数据整理，他们得出了这样的结果（5-6）。

表5-6　竞争企业的生产量和总产量

项目	作坊1	作坊2	作坊3	作坊4	作坊5	作坊6
平均月生产量	300	400	620	580	800	700
上一年总产量	3 600	4 800	7 440	6 960	9 600	8 400

夫妇俩当时还通过网络等其他手段了解到，本村和邻居的纸编企业一年卖的花篮和果篮及纸箱能达到4万多个，而收购商还从再远一些的地方收到近4万个产品，总共近8万个。由此看来，市场对于纸编蓝的需求量还是很大的。那么，只要他们努力去做，成功的希望也是很大的。当然，他们是新办企业，市场对他们还不是很了解，因此，开始一年的销售肯定不会太多，所以，他们对企业3～12月份的销售数量预测见表5-7。

表5-7　企业3～12月的销售数量预测

3月	4月	5月	6月	7月	8月	9月	10月	11月	12月
100	200	300	400	400	400	400	400	400	400

十四、谁当老板

夫妇俩要办的企业是家庭的个体企业，他们自己就是老板。在有能力雇用别人做工和管理之前，企业的员工就他们一家三口。夫妻和儿子就企业的管理和分工坐下来商量，聊聊各自的长处，适合做什么工作。李刚见多识广，有主意，适合负责产品设计、生产管理、工艺技术和企业知识，并且对城里的情况也比较了解。他们最后达成共识，李刚可以当经理，但在大事上，他们三人将共同商量决定。

十五、确定员工的岗位职责

李刚在外地企业做管理的表弟付永昌告诉他们，做好企业分工，制定岗位职责，哪怕是像他们这样只有家人参与的企业同样非常重要，这样的话可以使3个人各自完成好自己这块事情，而不会造成一件事情重复再做或者有些事情没有人做的现象。而且，将来企业做大了，也可以合理地对员工定岗位、定责任、定工资，评价员工是否完成本职工作也能有个依据。最后，夫妇俩与儿子商量，定出了创业初期的岗位职责表（表5-8）：

表5-8 创业初期岗位职责

岗位	工作说明	所需素质或技能	谁的任务	
			第一阶段	下一阶段
老板	做计划、制定目标、监督实施、协调内部关系、与工商税务等单位打交道	有主见、认真、果断、善于应变、容易交往	李刚	李刚
财务	出纳、收款、记账、管理现金、盘点库存	认真踏实、有条理、诚实	付蓉	付蓉 李小强
销售管理	市场调查、与顾客建立和保持良好的关系、接订单、销售预测、制定价格、提出促销方法、发货送货、采购原料	认真、思路敏捷、有热情、善于与人交往、有谈判能力、守信用	付蓉 李小强	付蓉 李小强
生产管理	组织生产、监督生产、控制质量、管理工具设备和技术资料、维修、制定生产计划	认真、了解产品、懂技术、动手能力强、善于和工人相处、善于处理矛盾解决问题	李刚	李刚
产品设计开发	跟踪市场需求动态、收集样品、设计制作样品	有美术和文化素质、有创造性、多面手、懂工艺	李刚和外甥女	李刚和外甥女
生产工人	选料、上色、浸泡、编织、熏蒸、晾晒、刷漆	有责任心、勤快、能吃苦、手巧	一家三口	工人

十六、选择企业法律形态

李刚与付蓉夫妻俩人经过调查与多方咨询，最终决定选择个体工商户这种法律形态，他们做这个决定处于以下几个方面的考虑：

第一，法律对个体工商户没有最低资金限制，注册手续比较简单。

第二，从决策角度看，开办企业千头万绪，必须有人说了算。夫妻两人好商量，决策快。

第三，从纳税角度看，个体工商户不用交企业所得税，由企业老板缴纳个人所得税即可。另外，流转税的征收率比较低。

十七、办理营业执照

李刚与付蓉听说办个体工商需要办理营业执照，但不知道办营业执照需要什么资料，在哪申请办理，于是他们分头打听，结果众说纷纭。最后，他们决定去工商管理部门咨询一下。

通过向工商管理部门咨询，夫妻俩人得知，开办个体工商户手续简单、方便，带上身份证原件、复印件及开办申请和场地使用证明等，在附近的工商管理所填张申请表，稍等就能领到营业执照。

十八、申报纳税

李刚和付蓉想规规矩矩开办企业，当然也很关心纳税对他们企业和个人收入有多大影响。因为企业还没注册，有人建议他们去当地税务所打听一下。

税务所接待人员听了他们的情况后回答说：“你们开办的是个体工商户，属于小规模纳税人，主要缴纳增值税和个人所得税以及以增值税为基数的教育费附加和城市维护建设税。

1、增值税征收率3%：

应缴增值税额＝销售额×3%

2、个人所得税率5%～35%：

应缴个人所得税额＝（年利润＋业主工资）×（5%～35%）

根据个人所得多少不同，按5%～35%的超额累进税率缴纳个人所得税。

3、城市维护建设税率1%、5%、7%：

城市维护建设税＝增值税×1%（农村）

根据企业所处地区不同，城市维护建设税税率也不同。

4、教育费附加3%：

教育费附加＝增值税额×3%

从税务所出来后，他们对申报纳税问题有了一个基本的概念，但很多具体的问题还不是非常清楚，今后遇到时还得及时来税务所咨询。

十九、订立劳动合同

李刚与付蓉听说过劳动合同法，到底内容是什么不清楚，他们决定去当地的劳动部门问问：

> 企业定的工资不能低于本地区人力资源和社会保障部门规定的最低工资标准，必须按时以货币形式发放给劳动者。有关最低工资标准的规定可以从当地人力资源和社会保障部门获得。 国家社会保障法规要求企业和职工参加社会保险，为职工办理社会保险对企业来说是强制性的。对于农民医保，国家推出新型农村合作医疗，其他社会保障应相当地社会保险经办机构后咨询

通过咨询，夫妻俩人明白了劳动合同的内容及相关的规定，俩人决定企业用工时要按劳动合同法有关规定执行。

二十、商业保险

如果开办工艺编织厂，开业初期手头难免钱紧，夫妻俩人商量之后，打算：

1. 不办防盗方面的保险。李刚所在的村地处黄河古道，民风淳朴，李刚老实本分，村里人缘又好，作坊里只有小板凳、小工具、少量原材料和半成品，价格不高，不会发生偷盗。

2. 不办商业医疗保险。李刚和付蓉夫妻俩人身体好，没生大病，平时也很少吃药。农村有新型农村合作医疗，缴费低，每年只需要20元，暂时没有必要参加商业医疗保险。

3. 办理防火方面的保险。尽管编织在地窖中进行，但是成品却需要储存在家里，万一发生火灾，损失就大了。

最后，夫妻俩人决定参加财产保险基本险，每年保险费用600元。

二十一、计算启动资金需求

李刚和付蓉觉得计算启动资金需求比较复杂，所以把这项工作分成两步，先将开办企业的支出分类和列表，再具体算钱。

投资：

- 建造水池、地窖。
- 工具。
- 桌椅板凳、货架。

• 灭火器。

• 开办费（开业前市场调查费、培训费、技术资料费、注册费、营业执照费）。

• 装修费。

流动资金：

• 头3个月购买原材料和包装材料的钱（柳条、竹片、线、包装材料）。

• 头3个月工资。

• 头3个月的水电费、交通费、电话费、办公用品费、应酬费。

• 保险费（一年）和不可预见的其他费用。

二十二、投资预测

李刚和付蓉在自己家里开办企业，虽然省去了再外面租地租房的费用，但他们也需要投入不少资金，具体需要多少，要仔细算一算（表5-9）。

表5-9 开办企业场地设备的预算

项目		费用（元）
场地	建造水池	2 200
	建造地窖	5 000
设备	工具（剪刀）	600
	桌椅板凳及货架	500
	灭火器	100
开办费	登记注册和营业执照费	40
	市场调查、咨询费	500
	培训费、技术资料费	100
装修费		1 000
投资总额		10 140

根据上述计算，共需要投资10 140

二十三、流动资金需求

李刚和付蓉估计，至少经营3个月后企业才能达到收支平衡。因此，他们必须准备出这3个月企业运转的资金（参见故事三）。

由于他们一开始对生产和销售都不十分熟悉，所以做的生产和销售预测相对保守。这在前3个月里他们能够分别制作和出售花篮100件、200件和300件。

下面是他们前头3个月计算出来的流动资金需求（表5-10）

表5-10 前3个月的流动资金

项目	头3个月的费用（元）
原材料和包装	2 880
李刚、付蓉和儿子的工资（每月2 700元）	8 100
市场营销和促销（每月100元）	300
保险费（全年）	600
维修费（每月35元）	105
电费、电话费（每月200元）	600
流动资金总额	12 585

算出来所需的流动资金总额是12 585元。那么，他们开办企业所需要的启动资金总额=投资＋流动资金总额=10 140＋12 585=22 725元（参见故事二十二）。这个数额远远超过他们能投入的10 400元（参见故事二）。

他们觉得这个数字不大对头。流动资金的算法可能有问题：第一，这是假设头3个月没有任何销售收入的情况，只有出没有进，不能体现资金流动情况。第二，有些费用可能被遗漏。在以后做现金流量计划时，他们会尽量把它做得更加完整和准确，以便最终确定流动资金需要量和启动资金总额（参见故事二十九和三十）。

二十四、预测折旧费

李刚和付蓉可以进行折旧的固定资产实在不多，就是建造的水池、地窖和一点工具、桌椅等。因为这几种东西的使用寿命不一样，所以折旧率也有所不同。他们认为，价值7 200元的水池、地窖不易损坏，使用时间比较长，应该按20年（240个月）折旧：地窖里面的工具、桌椅、货架、电器、灭火器等共1 200元，损耗快，估计不出5年就需要更换，因而应该按5年（60个月）折旧。听说前期开办费、装修费1 740元也能照这种办法摊进成本，于是他们自己定为1年（12个月）回收。

水池、地窖折旧费=7 200÷240=30元／月

工具设备折旧费=1 200÷60=20元／月

前期开办费、装修费摊销=1 740÷12=145元／月（参见故事二十二和二十三）

这样算下来，第一年每个月提留固定资产折旧费和开办费、装修费摊销共195元。这是他们根据实际情况定的折旧期，不知是否合理。税务部门能同意他们自己定的比较实际的折旧期吗？他们决定到税务所去咨询。税务所得同志告诉他们，折旧期的计算是正确的，现行税法还规定应对固定资产估计残值，由企业根据固定资产的性质和使用情况，合理确定固定资产的预计净残值。由于他们的企业固定资产投资不大，残值预计金额很小，可以忽略不计。

二十五、预测一件纸编制品的成本

作为企业里负责和生产的经理，李刚要预测出产品的单位成本。李刚知道这是一项很重要的任务，所以花了不少时间上街调查各种原材料的价格。他们设计和制作了一些样品来确定每个花篮的工时和材料消耗，推算出批量生产时的成本。他还对别人的产品成本进行了分析比较。经计算，李刚得出一个月生产400件纸编制品的总成本见表5-11。

表5-11　一个月生产纸编制品的总成本

项目	金额（元）
纸条	1 770
纸片	50
颜料	100
促销费	100
工资	2 700
折旧及开办费等摊销	195
保险费	50
维修费	35
电费、电话费	200
月成本总计	5 200

纸编制品单位成本=当月总成本÷纸编制品产量=5 200÷400=13元

李刚和付蓉决定在成本的基础上加上55%的利润来制定销售价。

不含增值税的出厂单价=13 + 13×55%=20元

含增值税的出厂单价=20×（1+3%）=20.6元

二十六、价格比较

李刚和付蓉做的纸编花篮和果篮的价格在市场上要有竞争力才好卖。他们进行市场调查时了解到，类似产品大部分的零售价在25～30之间。零售价定在25元多一点比较容易进入市场。他们预计生产的纸编花篮的式样会比竞争对手的新20.6颖。如果商贩一件卖28元，以批发价格20.6元推算，他们还有26%的毛利［毛利计算：（28－20.6）÷28=26%］。如果卖贵一点则毛利更大，商贩会有积极性去推销。他们当初采用的竞争比较法和现在的成本加价法得出的结果是基本吻合的。

二十七、预测销售收入

李刚和付蓉打算3月份开办企业。他们计划正常月份生产400件纸编制品。但在头3个月，考虑到企业刚开始营业，缺乏知名度，他们计划的生产量要小得多，预计的是100件、200件和300件。由于当地纸编工艺历史悠久、手工工艺精湛，产品销往全国各地，所以王强认为，只要紧跟市场需求开发产品，是能够完成这个计划的。他们的纸编花篮每件售价20.6元，含增值税。下面是他们对当年销售收入的预测见表5-12。

表5-12 当年销售收入预测

项目	3月	4月	5月	6月	7月	8月	9月	10月	11月	12月
销售数量（件）	100	200	300	400	400	400	400	400	400	400
产品单价（元）	20.6	20.6	20.6	20.6	20.6	20.6	20.6	20.6	20.6	20.6
含税销售收入（元）	2060	4120	6180	8240	8240	8240	8240	8240	8240	8240

二十八、销售和成本计划

李刚和付蓉用自己的成本预测和销售收入预测来制定当年的销售和成本计划。他们降低了计划中投3个月的原材料成本，因为生产和销售预计会低于原先估计的每月400件。他们的销售和成本计划（表5-13）。

表5-13　销售和成本计划

项目 \ 金额（元） \ 月份		3	4	5	6	7	8	9	10	11	12	合计
销售	含税销售收入	2 060	4 120	6 180	8 240	8 240	8 240	8 240	8 240	8 240	8 240	70 040
	增值税	60	120	180	240	240	240	240	240	240	240	2 040
	销售净收入	2 000	4 000	6 000	8 000	8 000	8 000	8 000	8 000	8 000	8 000	68 000
成本	原材料	480	960	1 440	1 920	1 920	1 920	1 920	1 920	1 920	1 920	16 320
	业主工资	900	900	900	900	900	900	900	900	900	900	9000
	员工工资	1 800	1 800	1 800	1 800	1 800	1 800	1 800	1 800	1 800	1 800	18 000
	促销费	100	100	100	100	100	100	100	100	100	100	1 000
	保险费	50	50	50	50	50	50	50	50	50	50	500
	维修费	35	35	35	35	35	35	35	35	35	35	350
	电费、电话费	200	200	200	200	200	200	200	200	200	200	2 000
	折旧和摊销	195	195	195	195	195	195	195	195	195	195	1 950
	总成本	3 760	4 240	4 720	5 200	5 200	5 200	5 200	5 200	5 200	5 200	49 120
附加税收		2.4	4.8	7.2	9.6	9.6	9.6	9.6	9.6	9.6	9.6	81.6
利润		-1 762.4	-244.8	1 272.8	2 790.4	2 790.4	2 790.4	2 790.4	2 790.4	2 790.4	2 790.4	18 798.4
所得税	纳税基数	—	—	—	—	—	—	—	—	—	—	7 798.4
	个人所得税	—	—	—	—	—	—	—	—	—	—	529.84
净利润		—	—	—	—	—	—	—	—	—	—	18 608.48

看了这份计划，李刚和付蓉比较高兴，看来从第三个月开始企业就会有利润。为了计算出准确的利润，他们必须将工资和折旧计入成本，并将保险费平均摊在一年当中。

他们3月份的增值税为60元，即20（单价）×0.03（增值税税率）×100（销售数量）=60元，其余类推。

注：利润=含税销售收入－增值税及附加费－总成本

- 应纳增值税额=销售净收入×3%
- 应纳城市维护建设税和教育费附加=应纳增值税额×（1%＋3%）
- 个人所得税纳税基数=企业老板工资＋利润－企业老板扣除费用

=9 000＋18 798.4－20 000

=7 798.4元

表5-14　个体工商户缴纳个人所得税适用税率表

级数	含税级距	税率%	速算扣除数（元）	说明
1	不超过5 000元的	5	0	1、本表含税级距指每一纳税年度的收入总额，减去成本、费用以及损失的余额 2、含税级距适用于个体工商户的生产、经营所得和对企事业单位的承包经营和承租经营所得
2	超过5 000元到10 000元的部分	10	250	
3	超过10 000元至30 000元的部分	20	1 250	
4	超过30 000元至50 000元的部分	30	4 250	
5	超过50 000元的部分	35	6 750	

根据个体工商户个人所得税税率表（表5-14），李刚认为，他作为老板缴纳个人所得税的纳税基数超过5 000元但小于10 000元，所以应该选用10%税率，一年只需要缴纳个人所得税529.84元。他算了算全家人一年下来的收入超过4万元，还不错。李刚不知道这样计算是否正确，决定再去税务所咨询。税务所的同志告诉他：税务机关对达到建账标准的个体工商户，实行查账征收方法，对达不到建账标准的，则实行定期定额征收管理。李刚按查账征收方式计算税收的方法是正确的，符合国家关于规范个体工商户税收管理政策的要求。但李刚的企业规模小、营业额少，在实际操作中税务部门不要求建账，一般是按照定期定额征收。最后，税务所得同志还耐心地为他讲解

了个人所得税的计算方法，例如，纳税基数是2万元，那么就应缴纳个人所得税2 750元（20 000×20%－1 250=2 750）。

李刚还想进一步了解关于个体工商户纳税的知识（特别是定期定额纳税的知识），税务所得同志给了他几张关于个体工商户纳税的宣传单，并欢迎他随时电话咨询。

二十九、现金流量计划（表5-15）

表5-15　现金流量计划

项目		金额（元）/月份	2	3	4	5	6	7	8	9	10	11	12	合计
月初现金			—	860	-2 887.4	-3 917.4	-3 429.4	-1 424	1 611.4	4 646.8	7 682.2	10 717.6	13 753	—
现金流入	销售总收入	现金销售	—	1 030	2 060	3 090	4 120	4 120	4 120	4 120	4 120	4 120	4 120	35 020
		赊账销售	—	—	1 030	2 060	3 090	4 120	4 120	4 120	4 120	4 120	4 120	30 900
		合计	—	1 030	3 090	5 150	7 210	8 240	8 240	8 240	8 240	8 240	8 240	65 920
	贷(借)款		—	0	0	0	0	0	0	0	0	0	0	0
	老板投资		10 400	0	0	0	0	0	0	0	0	0	0	10 400
	现金总流入		10 400	1 030	3 090	5 150	7 210	8 240	8 240	8 240	8 240	8 240	8 240	76 320
现金流出	现金采购		—	480	960	1 440	1 920	1 920	1 920	1 920	1 920	1 920	1 920	16 320
	赊账采购		—	0	0	0	0	0	0	0	0	0	0	0
	业主工资		—	900	900	900	900	900	900	900	900	900	900	900
	员工工资		—	1 800	1 800	1 800	1 800	1 800	1 800	1 800	1 800	1 800	1 800	1 800
	促销费		—	100	100	100	100	100	100	100	100	100	100	1000
	保险费		—	600	—	—	—	—	—	—	—	—	—	600
	维修费		—	35	35	35	35	35	35	35	35	35	35	350
	电费电话费		—	200	200	200	200	200	200	200	200	200	200	200
	设备购买		600	600	—	—	—	—	—	—	—	—	—	1 200
	场地		7 200	—	—	—	—	—	—	—	—	—	—	7 200
	开办费		740	—	—	—	—	—	—	—	—	—	—	740
	装修费		1 000	—	—	—	—	—	—	—	—	—	—	1 000
	贷款本息		—	—	—	—	—	—	—	—	—	—	—	—
	增值税		—	60	120	180	240	240	240	240	240	240	240	2 040
	附加水费		—	2.4	4.8	7.2	9.6	9.6	9.6	9.6	9.6	9.6	9.6	81.6
	个人所得税		—	—	—	—	—	—	—	—	—	—	529.84	529.84
	现金总支出		9 540	4 777.4	4 119.8	4 662.2	5 204.6	5 204.6	5 204.6	5 204.6	5 204.6	5 204.6	5 734.44	60 061.44
月底现金			860	-2 887.4	-3 917.2	-3 429.4	-1 424	1 611.4	4 646.8	7 682.2	10 717.6	13 753	16 258.56	—

李刚和付蓉计划在2月份建造水池、地窖，购买设备、工具等。他们还打算将一半的产品以赊售的方式出售，放账30天。

现金流量表一作出（表5-15），李刚和付蓉马上就发现了问题。现金流量表反映出开业头4个月现金短缺，最多的时候是4月份，缺口为3 917.2元，这出乎他们的意料。其主要原因是，前3个月销售水平不高，只有100件、200件、300件，收入少。另外，他们也没有预计到赊售占用的资金。原来以为自己的那点钱够用，现在看来还得借些钱。

注：月底现金=月初现金＋现金总流入—现金总支出

三十、借钱

李刚和付蓉4月份的现金缺口近千元。他们俩不想让企业有更多的老板，不想找更多的合伙人，而且就目前他们的状况趋银行贷款也很困难，原本想头两个月不拿工资，但这样会造成资金紧张，有一定的风险，好在借款金额不大，因此，他们决定向亲戚朋友借。

他们从表弟那里借了5 000元，月息只有1%，约定3月初借，12月底还，期限10个月。

为了弄清这些资金是否够用，李刚和付蓉修改了现金流量计划。修改后的现金流量计划见表5-16。

表5-16 修改后的现金流量计划

项目 \ 金额（元）\ 月份			2	3	4	5	6	7	8	9	10	11	12	合计
月初现金			0	860	2 112.6	1 082.8	1 570.6	3 576	6 611.4	9 646.8	12 682.2	15 717.6	18 753	—
现金流入	销售总收入	现金销售	—	1 030	2 060	3 090	4 120	4 120	4 120	4 120	4 120	4 120	4 120	35 020
		赊账销售	—	0	1 030	2 060	3 090	4 120	4 120	4 120	4 120	4 120	4 120	30 900
		合计	—	1 030	3 090	5 150	7 210	8 240	8 240	8 240	8 240	8 240	8 240	65 920
	贷（借）款		—	5 000	0	0	0	0	0	0	0	0	0	5 000
	老板投资		10 400	0	0	0	0	0	0	0	0	0	0	10 400
	现金总流入		10 400	6 030	3 090	5 150	7 210	8 240	8 240	8 240	8 240	8 240	8 240	81 320

（续表）

项目	金额（元）/月份	2	3	4	5	6	7	8	9	10	11	12	合计
现金流出	现金采购	—	480	960	1 440	1 920	1 920	1 920	1 920	1 920	1 920	1 920	16 320
	赊账采购	—	—	—	—	—	—	—	—	—	—	—	—
	业主工资	—	900	900	900	900	900	900	900	900	900	900	900
	员工工资	—	1 800	1 800	1 800	1 800	1 800	1 800	1 800	1 800	1 800	1 800	1 800
	促销费	—	100	100	100	100	100	100	100	100	100	100	1 000
	保险费	—	600	—	—	—	—	—	—	—	—	—	600
	维修费	—	35	35	35	35	35	35	35	35	35	35	350
	电费、电话费	—	200	200	200	200	200	200	200	200	200	200	200
	设备购买	600	600	—	—	—	—	—	—	—	—	—	1 200
	场地	7 200	—	—	—	—	—	—	—	—	—	—	7 200
	开办费	740	—	—	—	—	—	—	—	—	—	—	740
	装修费	1 000	—	—	—	—	—	—	—	—	—	—	1 000
	贷款本息	—	—	—	—	—	—	—	—	—	—	5 500	5 500
	增值税	—	60	120	180	240	240	240	240	240	240	240	2 040
	附加水费	—	2.4	4.8	7.2	9.6	9.6	9.6	9.6	9.6	9.6	9.6	81.6
	个人所得税	—	—	—	—	—	—	—	—	—	—	479.84	479.84
	现金总支出	9 540	4 777.4	4 119.8	4 662.2	5 204.6	5 204.6	5 204.6	5 204.6	5 204.6	5 204.6	11 184.44	65 511.44
月底现金		860	2 112.6	1 082.8	1 570.6	-3 576	6 611.4	9 646.8	12 682.2	15 717.6	18 753	15 808.56	—